OKKO HERLYN · **Das Glaubensbekenntnis**

OKKO HERLYN

Das Glaubensbekenntnis

Verstehen, was wir bekennen

neukirchener

MIX
Papier aus verantwortungsvollen Quellen
FSC® C014138

Bibliografische Information der Deutschen Nationalbibliothek:
Die Deutsche Nationalbibliothek verzeichnet diese Publikation in der Deutschen Nationalbibliografie; detaillierte bibliografische Daten sind im Internet über http://dnb.d-nb.de abrufbar.

Umschlaggestaltung: Grafikbüro Sonnhüter, www.grafikbuero-sonnhueter.de
Lektorat: Ekkehard Starke
DTP: Breklumer Print-Service, www.breklumer-print-service.com
Verwendete Schriften: Scala, Scala Sans
Gesamtherstellung: Finidr, s.r.o.
Printed in Czech Republic
ISBN 978-3-7615-6771-5 (Print)
ISBN 978-3-7615-6772-2 (E-Book)

www.neukirchener-verlage.de

Inhaltsverzeichnis

I. WAS IST EIGENTLICH EIN BEKENNTNIS? 9
Ein paar Beobachtungen vorweg

II. „ICH GLAUBE AN GOTT“ 16
Aufbruch in ein Abenteuer

III. „DEN VATER“ 28
Heilsame Irritation

IV. „DEN ALLMÄCHTIGEN“ 42
Bollwerk gegen Omnipotenzphantasien

V. „DEN SCHÖPFER DES HIMMELS UND DER ERDE“ 55
Von einem alten Konflikt und einer neuen Neugier

VI. „UND AN JESUS CHRISTUS“ 73
Die Frage, wer das Sagen hat

VII. „SEINEN EINGEBORENEN SOHN, UNSERN HERRN“ 84
Ein Geheimnis mit Selbstverpflichtung

VIII. „EMPFANGEN DURCH DEN HEILIGEN GEIST, GEBOREN VON DER JUNGFRAU MARIA“ 96
Sinnvoller Stolperstein

IX. „GELITTEN UNTER PONTIUS PILATUS“ 107
Mehr als eine Marotte

X. „GEKREUZIGT, GESTORBEN UND BEGRABEN, HINABGESTIEGEN IN DAS REICH DES TODES“ 120
Eine Ungeheuerlichkeit, die uns zugutekommen soll

XI. „AM DRITTEN TAGE AUFERSTANDEN VON DEN TOTEN“ 133
Machtvoller Eingriff in eine Welt des Todes

XII. „AUFGEFAHREN IN DEN HIMMEL, ER SITZT ZUR RECHTEN GOTTES, DES ALLMÄCHTIGEN VATERS“ 144
Zur Abwechslung eine Predigt zum Himmelfahrtstag

XIII. „VON DORT WIRD ER KOMMEN, ZU RICHTEN DIE LEBENDEN UND DIE TOTEN“ 155
Erhobenes Haupt statt Selbstverwerfung

XIV. „ICH GLAUBE AN DEN HEILIGEN GEIST“ 165
Gottes bewegende Gegenwart

XV. „DIE HEILIGE CHRISTLICHE KIRCHE, GEMEINSCHAFT DER HEILIGEN“ 175
Keine religiöse Wagenburg

XVI. „VERGEBUNG DER SÜNDEN“ 186
Verdrängung geht anders

XVII. „AUFERSTEHUNG DER TOTEN UND DAS EWIGE LEBEN“ 195
Gottes letztes Wort

XVIII. HILFREICH ZU WISSEN 207
Zusätzliche Informationen für neugierig Gewordene

XIX. WARUM ICH GLAUBE 227
Ausnahmsweise ein persönliches Nachwort

QUELLENANGABEN 234

I. WAS IST EIGENTLICH EIN BEKENNTNIS?

Ein paar Beobachtungen vorweg

„Wir wollen nun gemeinsam unseren christlichen Glauben bekennen. Dazu bitte ich Sie – soweit es Ihnen möglich ist – aufzustehen." Frau Litterscheid, die heute den Dienst einer Lektorin versieht, blickt uns aufmunternd an. Wenig später stehen wir in Reih und Glied und sprechen leicht schleppend, doch immerhin im gleichen Rhythmus miteinander die altvertrauten Worte: „Ich glaube an Gott, den Vater, den Allmächtigen, den Schöpfer des Himmels und der Erde ..."

Merkwürdig. Seit meiner Zeit als Konfirmand hat sich nichts geändert. Dieselben Worte, dieselbe „Choreographie", dieselbe etwas klamme Stimmung im Raum. Hier und da auch dieselbe Schwierigkeit, bei den vielen verschiedenen Aussagen noch einigermaßen mitzukommen. Während ich noch ein wenig über „den Allmächtigen" nachdenke, geht es schon um den „eingeborenen Sohn". Und sobald ich versuche, mir über „geboren von der Jungfrau Maria" den Kopf zu zerbrechen, ist die versammelte Gemeinde schon bei der „Auferstehung der Toten" angelangt. Fast ein wenig stressig.

Manche, denen ich meine kleine Not schon mal anvertraue, sagen mir, dass es doch gar nicht nötig sei, immer alles verstehen zu müssen. Das sei so eine typisch protestantische Marotte, den Glauben sozusagen zu „verkopfen". Man verstehe ja schließlich auch sonst so manches nicht im Leben, ohne sich gleich einen Stress daraus zu machen. Hier komme es doch auf etwas anderes an. Worauf denn dann, bitteschön? Nun, auf das Sicheinfinden in eine Tradition. Auf das Erleben einer Gemeinschaft. Oder auch nur auf das gefühlsmäßige Berührtwerden durch den Klang altvertrauter Worte. Beim Lesen eines Gedichts beispielsweise verlange man ja auch nicht danach, zu jedem poetischen Bild ein Kurzreferat zu hören. Es reiche doch völlig aus, die alten Worte mitzusprechen und sich irgendwie darin „aufgehoben" zu fühlen.

Ich merke, wie mich diese Antwort nicht wirklich zufriedenstellt. Geißelt nicht schon die Bibel das gedankenlose Plappern von Gebeten? Das mechanische Herunterleiern vermeintlich frommer Worte? Das bloße Festhalten an sinnentleerten Traditionen? „Wenn ihr betet, sollt ihr nicht viel plappern wie die Heiden; denn sie meinen, sie werden erhört, wenn sie viele Worte machen", heißt es doch immerhin schon in der Bergpredigt Jesu (Matthäus 6, 7). Ist also das Glaubensbekenntnis so ein vermeintlich frommer, aber im Grunde doch stroherner Text, der mit seinen vielen sperrigen Aussagen von dem heutigen Menschen kaum noch nachvollziehbar ist? Eine Bremer Gemeinde hat deshalb bereits vor Jahren das gottesdienstliche Glaubensbekenntnis ganz gestrichen. Begründung: Gemeindeglieder hatten moniert, „sie könnten einige Passagen nicht guten Gewissens mitsprechen". Ist also das Glaubensbekenntnis dort, wo es nun einmal noch im Gottesdienst gesprochen wird, am Ende nicht mehr als eine Art liturgische Deko, ähnlich dem

Altarschmuck oder den bunten Kirchenfenstern? Was hat es mit dem Glaubensbekenntnis überhaupt auf sich? Ja, was ist eigentlich ein Bekenntnis? Gute Frage.

Im Wort „Bekenntnis" steckt – man erkennt es unschwer – das Wort „bekannt". Bekenntnis im ursprünglichen Sinne bedeutet also: etwas bekannt, etwas kenntlich machen. Solche „Kenntlichmachungen" begegnen uns im Alltag laufend. Jemand outet sich mit Schal und Wimpel als „bekennender Schalke-Fan". Ein anderer gesteht seiner Angebeteten gegenüber seine Liebe. Im Gericht bekennt sich ein Angeklagter als schuldig oder nicht schuldig. Der Vorsitzende des Sächsischen Landesbauernverbandes forderte kürzlich von Seiten der Politik „ein deutliches Bekenntnis zu Großbetrieben als Bestandteil einer vielfältigen Agrarstruktur". Und hohe Vertreter beider Nachbarländer bekennen sich in regelmäßigen Abständen zur deutsch-französischen Freundschaft. Allen ist gemeinsam, dass sie etwas von sich – eine Haltung, eine Erwartung oder eine Überzeugung – preisgeben, eben anderen gegenüber „kenntlich" machen.

Bevor es zu einer solchen Kenntlichmachung anderen gegenüber kommt, muss man sich also erst einmal über seine eigene Haltung, Erwartung oder Überzeugung Klarheit verschaffen. Insofern ist ein Bekenntnis zunächst einmal nichts anderes als eine Art *Selbstidentifizierung*. Wer sich zu etwas bekennt – egal ob zu seiner Schuld, zu einer geliebten Frau, zu Schalke 04 oder zur deutsch-französischen Freundschaft –, sagt ja etwas Grundlegendes über sich selbst aus. Solche zumindest gelegentlichen Selbstidentifizierungen sind beileibe nicht überflüssig. Zumindest von Zeit zu Zeit kann es ja durchaus sinnvoll sein, dass man sich darüber klar wird, wohin man gehört, was man für wichtig erachtet, woran man glaubt oder worauf man hofft. Wer sich etwa zu den allgemeinen Menschenrechten bekennt, sagt damit zunächst einmal das, was ihm wichtig ist. Man bekennt eben „sich".

Aber eine bloße Selbstidentifizierung könnte auch im stillen Kämmerlein erfolgen oder in einem persönlichen Tagebuch ihren Platz haben. Zum Bekenntnis kommt es erst da, wo solch eine Überzeugung oder Haltung nach *außen* tritt. Insofern ist ein Bekenntnis in der Tat immer eine *Bekanntgabe*. Gegenüber der Angebeteten, gegenüber dem Gericht, gegenüber den anderen Fans im Stadion oder gegenüber den Mitmenschen, mit denen ich gerade im Gespräch bin. „Wer mich bekennt *vor den Menschen* ...", sagt Jesus verschiedentlich. Wer sich bekennt, setzt sich also grundsätzlich einer Öffentlichkeit aus, wie groß oder klein sie auch immer sein mag. Dass meine innerste Überzeugung überhaupt gelegentlich „nach draußen" will, dafür mag es verschiedene Gründe geben. Allgemein kann man wohl sagen: „Wes das Herz voll ist, des geht der Mund über" (Matthäus 12, 24). Ein Szene-Witz sagt: „Woran erkennt man einen Veganer?" Antwort: „Er sagt es dir."

Wenn es nun im Gottesdienst heißt, dass wir „unseren christlichen Glauben bekennen wollen", so kann man füglich fragen, ob es sich hier überhaupt um ein Bekenntnis handelt. Immerhin hat es eine gewisse Logik, wenn manche reformierten Gemeinden aus diesem Grund auf ein gottesdienstliches Glaubensbekenntnis verzichten. Denn welchen „anderen" gegenüber sollte hier etwas kenntlich gemacht werden? Den übrigen Gottesdienstteilnehmern, die neben mir dieselben Worte „bekennen"? Oder am Ende nur Gott gegenüber? Dass manche beim Aussprechen des Glaubensbekenntnisses die Hände falten, ihre Augen schließen und die Gemeinde das

Ganze mit einem „Amen“ beschließt, könnten dann Zeichen in diese Richtung sein. Also mehr eine Art Gebet. Aber „Bekenntnis“?

Wir werfen einen ersten Blick drauf:

> „Ich glaube an Gott,
> den Vater, den Allmächtigen,
> den Schöpfer des Himmels und der Erde.
>
> Und an Jesus Christus,
> seinen eingeborenen Sohn, unsern Herrn,
> empfangen durch den Heiligen Geist,
> geboren von der Jungfrau Maria,
> gelitten unter Pontius Pilatus,
> gekreuzigt, gestorben und begraben,
> hinabgestiegen in das Reich des Todes,
> am dritten Tage auferstanden von den Toten,
> aufgefahren in den Himmel;
> er sitzt zur Rechten Gottes,
> des allmächtigen Vaters;
> von dort wird er kommen,
> zu richten die Lebenden und die Toten.
>
> Ich glaube an den Heiligen Geist,
> die heilige christliche Kirche,
> Gemeinschaft der Heiligen,
> Vergebung der Sünden,
> Auferstehung der Toten
> und das ewige Leben.“

Mir fällt zunächst auf, dass in diesem Text das Wort „bekennen" gar nicht vorkommt, und frage mich, ob es da nicht konsequenter wäre, beim gottesdienstlichen Glaubens„bekenntnis" eher von einer *Selbstvergewisserung* des Glaubens zu sprechen? Von mir aus auch vor den Ohren Gottes, also im Gebet. Damit kein Missverständnis aufkommt: Gelegentlich kann solch eine Selbstvergewisserung ja durchaus notwendig sein. Wer von uns wäre denn niemals verunsichert in seinem Glauben? Wer von uns kennte denn nicht auch den Zweifel und die Anfechtung? Wer von uns wäre denn nicht auch immer wieder von sehr grundsätzlichen Fragen umgetrieben? Da ist es schon sinnvoll, dass man sich – wenigstens von Zeit zu Zeit – klarmacht: „Ich *weiß*, woran ich glaube." Um es mit einem bekannten Kirchenlied zu sagen.

Aber auffallend ist doch auch, dass die Worte unseres gottesdienstlichen Glaubensbekenntnisses im Gespräch mit anderen, also wirklich einmal „vor den Menschen", so gut wie gar keine Rolle spielen. Wer von uns bediente sich denn, wenn es im Alltag wirklich einmal zu einem Austausch über Glaubensdinge kommt, tatsächlich jener Formulierungen, die uns im Gottesdienst so routiniert über die Lippen kommen? Wer von uns antwortete denn etwa auf die harmlose Frage, weshalb wir uns zur Kirche halten, mit den Worten: „Weil ich an Gott, den Vater, den Allmächtigen, den Schöpfer des Himmels und der Erde glaube"? Von dem „eingeborenen Sohn", dem Geborensein „von der Jungfrau Maria" oder der „Auferstehung der Toten" ganz zu schweigen. Es ist offenbar eine ganz besondere Sache, oder sollen wir sagen: eine ganz besondere Herausforderung, sich im Alltag des Lebens zu seinem christlichen Glauben zu bekennen. Also, wenn man so will, seine *eigenen* Worte des Glaubens zu finden.

Dabei kann es nun allerdings doch hilfreich sein, sich immer wieder auf die Worte zu besinnen, die andere weit vor uns gewählt haben, um ihrem Glauben Ausdruck zu geben. Nicht indem wir sie wieder und wieder gedankenlos nachplappern, sondern indem wir uns vornehmen, über ihre einzelnen Aussagen einmal in Ruhe *nachzudenken*. Es könnte ja sein, dass uns diese alten Worte, die einem manchmal so vorkommen, als seien sie geradezu in Stein gemeißelt, am Ende gar nicht mehr so steinern und unzugänglich vorkommen. Dass sie durchaus lebendig werden und uns geradezu inspirieren, eben dann auch unsere eigenen Worte des Glaubens zu finden. Vorausgesetzt, wir *verstehen*, was wir da sonntags im Gottesdienst – vor wem auch immer – bekennen.

Genau darum soll es im Folgenden gehen.

II. „ICH GLAUBE AN GOTT"

Aufbruch in ein Abenteuer

1. „Ich" und „ich" sind zweierlei

„Ich kann da natürlich nur für mich sprechen." Katharina macht ein irgendwie endgültiges Gesicht. Wir befinden uns gerade in einer Planungsrunde für den nächsten Betriebsausflug. Die Vorstellungen darüber, wo es diesmal hingehen soll, gehen deutlich auseinander. Hart stehen sich eine Duisburger Hafenrundfahrt, der Allwetterzoo in Münster und eine zünftige Bergische Kaffeetafel gegenüber. Katharina, weil ursprünglich vom Niederrhein stammend, hat soeben ihr Plädoyer für das heimatliche Duisburg gehalten. „Aber ich kann da natürlich nur für mich sprechen." Leider sind wir mit dieser Feststellung um keinen Deut weitergekommen. Aber das steht auf einem anderen Blatt.

Dass man „nur für sich" sprechen kann, scheint mittlerweile zu einer Art Dogma geworden zu sein. Sätze, die Allgemeingültigkeit beanspruchen, werden mehr und mehr empört zurückgewiesen: „Bitte niemals ‚man' sagen! Grundsätzlich nur

Ich-Sätze!" Und wer sich gar auf die Suche nach der Wahrheit aufmacht, muss sich nicht selten sagen lassen, dass eine solche Suche allenfalls bei einem selbst landen könne, weil eben jeder seine eigene Wahrheit habe. Meine Wahrheit muss noch lange nicht deine sein. Das hängt offenbar mit einer Entwicklung zusammen, in der es kaum noch ein „Wir" zu geben scheint, unsere Gesellschaft also weniger eine alle verbindende Gemeinschaft, sondern mehr eine lose Ansammlung vieler „Ichs" ist.

Was Wunder, wenn jedermann meint, ständig sein Ich nach vorne bringen zu müssen. Wie viele Menschen begegnen uns, die eigentlich von nichts anderem als sich selbst erzählen. Egal, ob es um die Gesundheit, den Urlaub, das berufliche Fortkommen oder die Enkelkinder geht – jeder scheint nur noch seine eigenen Belange im Blick zu haben. Man hat manchmal den Eindruck, als sei man geradezu umzingelt von Leuten, die offenbar für gar nichts anderes als sich selbst ein Interesse haben. Ganze Bücherstapel zur „Ich-Kultur" und unzählige kommerzielle Angebote zur persönlichen Selbst-Optimierung tun ein Übriges. Der viel gepriesene moderne Individualismus hat offenbar eine neue Generation von Ich-Menschen hervorgebracht. „Aber ich kann da natürlich nur für mich sprechen."

Und nun fängt auch noch das Glaubensbekenntnis mit „ich" an: „Ich glaube ..." Das klingt nach dem Bisherigen ziemlich zeitnah, weil ja womöglich auch im Glauben nur jeder für sich sprechen kann. Aber wenn dem tatsächlich so wäre, dann müssten wir im Grunde Millionen und Abermillionen von individuellen, womöglich völlig verschiedenen Glaubensbekenntnissen haben. Das ist aber nicht der Fall. Das Glaubensbekenntnis wird vielmehr Sonntag für Sonntag von unendlich vielen verschiedenen Menschen im gleichen Wortlaut gesprochen. Und das nun schon seit über eineinhalb tausend Jahren. Wir schließen daraus: „Ich" und „ich" sind offenbar zweierlei. Es gibt ein „Ich", das in der Tat „nur für sich sprechen kann". Und es gibt ein „Ich", das sich bewusst in ein größeres Ganzes einfügt. Genau zu einem solchen „Ich" scheint das „Ich" des Glaubensbekenntnisses zu gehören. Wer hier „ich" sagt, tut es im Chor mit *anderen*, im Verbund mit der weltweiten Christenheit.

Das erinnert an mancherlei „Ichs" in der Bibel. Wie oft begegnet uns dieses Wort nicht allein in den Psalmen. Vor allem dort, wo einzelne Menschen ihre sehr persönliche Situation – sei's ihre Not, sei's ihr Glück – vor Gott bringen. „Aus der Tiefe rufe *ich*, Herr, zu dir" (Psalm 130,1). „*Ich* will den Herren loben allezeit; sein Lob soll immerdar in *meinem* Munde sein" (Psalm 34,2). Aber diese „Ichs" sind immer eingebettet in einen größeren Zusammenhang, nämlich in den Glauben Israels. Manchmal kommt es dadurch zu dem scheinbar kuriosen Sachverhalt, dass in ein und demselben Text, etwa in Psalm 118, „ich" und „wir" unvermittelt ineinander übergehen. Singular und Plural scheinen gar keine grundsätzliche Alternative zu sein. Man kann sich diese Kuriosität unschwer damit erklären, dass der Entstehungsort der Psalmen wohl nicht das „stille Kämmerlein", sondern der öffentliche Gottesdienst gewesen ist, in dem sich der Einzelne auch mit seinen sehr persönlichen Anliegen aufgehoben wusste. Das biblische „Ich" ist also keinesfalls mit dem „Ich" des neuzeitlichen Individuums zu verwechseln. Selbst der im Bauch des Fisches völlig isolierte Jona betet mit seinem „Ich" noch Worte aus dem Psalmengut seines Volkes (vgl. Jona 2ff.).

Das „Ich“, mit dem das Glaubensbekenntnis anfängt, steht nun offensichtlich genau in dieser biblischen Tradition. Aber wer weiß das heute schon noch? In Zeiten, in denen das „Ich“ eine ziemlich andere Bedeutung gewonnen hat, besteht doch zumindest die Gefahr, dass das „Ich glaube“ einem religiösen Individualismus Vorschub leistet, bei dem dann am Ende jeder glauben kann, was er für richtig hält. Der Theologe Karl Barth hat einmal gewarnt: „Ein Satz, der mit ‚ich‘ anfängt, ist selten gut – selbst wenn das Beste und Schönste hinterher kommt.“ Manche neueren Glaubensbekenntnisse haben daraus die Konsequenz gezogen, nicht mit „ich“, sondern mit „wir“ zu beginnen. So etwa das Bekenntnis der indonesischen Batakkirche von 1951, das bei jedem einzelnen seiner achtzehn Artikel in fast monotoner Gleichmäßigkeit mit einem „wir glauben und bekennen“ einsetzt.

In Erinnerung an das biblische „Ich“ könnte man dem „Ich“ unseres Glaubensbekenntnisses aber vielleicht doch noch einen guten individuellen Sinn abgewinnen. Er könnte darin bestehen, dass auch ein Glaube, der in eine größere Gemeinschaft eingebunden ist, immer noch persönlich zu verantworten ist. Größere Zusammenhänge hin oder her – irgendwann sind wir in der Tat gefragt, wo wir denn im Glauben wirklich *selber* stehen. Etwa im Gespräch oder gar in einer Auseinandersetzung mit Menschen anderer Überzeugung nützt es ja herzlich wenig, darauf hinzuweisen, dass man sich dem Bekenntnis der alten Kirchenväter, der Reformatoren oder gar der Batakkirche verbunden weiß. Es gibt Situationen, in denen es nicht anders geht, als unverstellt und unvertretbar nichts anderes als eben „ich“ zu sagen: „Ich glaube.“ Aber was ist das – Glauben?

2. Nicht wissen? Von wegen

„Glauben heißt: nicht wissen." Mit der ihm eigenen Unerschütterlichkeit versucht Henry unserem Gespräch über Gott und die Welt ein vorläufiges Ende zu setzen. Wir sitzen in der Kneipe gegenüber und sind einmal wieder bei einem unserer Lieblingsthemen: warum Kirche, warum Glaube, warum überhaupt Religion? Henry gehört zu denen, die sich die Welt vor allem – wie er es nennt – „mittels Fakten" zu erschließen suchen. Möglichst auf eindeutiger wissenschaftlicher Basis. Dass es indes gerade in der Wissenschaft immer wieder sogenannte „Fakten" gibt, die sich schon bald wieder als Irrtümer herausstellen, ficht ihn nicht weiter an. „Glauben heißt: nicht wissen." Er, Henry, halte es grundsätzlich mit dem Wissen. Da wisse man, was man habe. Sonst müsse er am Ende auch noch für wahr halten, dass da jemand über Wasser gelaufen sei. Nein, den gesunden Menschenverstand an den Nagel zu hängen, könne nun wirklich niemand von ihm verlangen. – „Prost Gemeinde!"

Henry ist mit dieser Einstellung bei Weitem nicht allein. Immer wieder macht man die Beobachtung, dass bereits dem Wort „Glauben" so eine Art Minderwert anhaftet. Glauben ist eben *nur* glauben. So etwas Ähnliches wie meinen, wähnen oder bloß vermuten. „Ich glaube, wir müssen die dritte Straße links nehmen", sagt Regine neben mir auf dem Beifahrersitz. „Es könnte aber auch die vierte sein. Ich weiß es nicht mehr so genau." Wir sind auf der Fahrt zu einer Geburtstagsfeier. „Und was erwartet uns diesmal essensmäßig?", frage ich zurück. „Ich glaube, wie immer: Chili con Carne. Anschließend Himbeer-Mascarpone", erwidert Regine. Sie hätte statt „glauben" genauso gut „annehmen" oder „vermuten" sagen können. Glauben ist eben nicht Wissen, um mit Henry zu sprechen.

Unser Glaubensbekenntnis spricht nun auch an prominenter Stelle von „glauben“: „Ich glaube“. Lateinisch: „credo“. Dieses erste Wörtchen im Glaubensbekenntnis hat ihm auch seinen Kurznamen gegeben. Im innerkirchlichen Sprachgebrauch, etwa im Rahmen der gottesdienstlichen Liturgie, ist meistens vom „Credo“ die Rede. Wie so manches aus der Welt der Religion so hat auch dieses Wort mittlerweile seinen ganz eigenen Weg in die Banalitäten des Alltags gefunden. „Mein Credo lautet: Weniger arbeiten, mehr leben“, lässt uns beispielsweise Barbara Karlich in ihrer Show im österreichischen Fernsehen wissen. Inzwischen kann man unter dem Firmenschild „Credo“ u. a. Seifen, Nagelzangen oder sogar ganze Garagen-Schwingtore käuflich erwerben. In der Profanität der übrigen Warenwelt scheint „Credo“ dem einen oder anderen Produkt geradezu einen gewissen Mehrwert zu verleihen. Verrückt. Jedenfalls haben wir allen Anlass, dem „ich glaube“ unseres Glaubensbekenntnisses nun doch ein wenig näher auf die Spur zu kommen.

Wenn das Glaubensbekenntnis von „glauben“ spricht, so greift es damit vor allem auf das *biblische* Verständnis des Glaubens zurück. Das Wort kommt im Alten wie im Neuen Testament ziemlich häufig vor. Was aber schon auf den ersten Blick auffällt: Nirgendwo wird es im Sinne von „meinen“ oder „vermuten“ verwandt. „Abraham glaubte dem Herrn und das rechnete er ihm zur Gerechtigkeit“, lesen wir beispielsweise schon auf einer der ersten Seiten (1.Mose 15,6). Was ist der Hintergrund? Abraham vernimmt von Gott eine geradezu unglaubliche Verheißung. Er soll im hohen Alter endlich Vater werden. Er hätte diese Verheißung – wäre er Henrys Fakten-Weisheit gefolgt – eigentlich rasch ins Reich der Phantasie verbannen können. Aber er „glaubte dem Herrn“, wie es heißt. Sein Glaube hat hier offenbar gar nichts mit irgendeiner Mutmaßung zu tun, sondern ist schlicht Ausdruck seines *Vertrauens*. Genauer gesagt: seines *Gott*vertrauens.

Das hebräische Ursprungswort für „Glauben" („aman", aus dem später unser „Amen" hervorgeht) meint so viel wie „fest", „beständig", „treu" oder eben „vertrauensvoll sein". Wenn also Abraham „dem Herrn glaubt", so geht es gar nicht um seine Meinung, auch nicht um seine Meinung über Gott, sondern darum, dass er sich an Gottes Verheißung „festmacht", ihm vertraut. Der Glaube meint also eine bestimmte *Beziehung*, ein unbedingtes Vertrauensverhältnis zu Gott. Das ist so ähnlich wie unter Menschen. Er zu ihr: „Ich liebe dich." Sie zu ihm: „Ich glaube dir." Äußert sie etwa nur eine Meinung oder eine bloße Vermutung? Nein, etwas unendlich Größeres und Schöneres als das: Vertrauen.

Das Motiv des Vertrauens zieht sich nun wie ein roter Faden durch die ganze Bibel hindurch. Im Neuen Testament lesen wir z. B. von einem heidnischen Hauptmann, der Jesus um die Heilung seines kranken Knechts bittet. Er solle „nur ein Wort" sprechen. Jesu Botschaft an die Umstehenden: „Solchen Glauben habe ich in Israel bei keinem gefunden" (Matthäus 8,10). Der Hauptmann wird also nicht wegen seiner korrekten theologischen Ansichten über Gott gelobt. Wie auch? Er gehört ja offensichtlich einer anderen Religion an. Er wird wegen seines unbedingten Vertrauens gelobt.

Sowohl an Abraham als auch an dem Hauptmann wird deutlich: Wer glaubt, wer vertraut, verlässt sich auf einen anderen. Dabei darf man das „Sich-Verlassen" durchaus wörtlich nehmen. In ihrem Glauben verlassen sie in gewisser Weise ein Stück ihrer

„selbst“: Abraham seine Heimat, der Hauptmann seine Religion. Ähnlich wie die Propheten, die um ihres Auftrags willen ihr gesellschaftliches Ansehen verlieren, oder die Jünger, die ihre bürgerliche Existenz hinter sich lassen, um dem Ruf Jesu zu folgen. Wer Gott vertraut, „verlässt sich“ geradezu wörtlich. Nicht um sich selbst aufzugeben, sondern um sich woanders „fest“ zu machen. „Wenn man völlig darauf verzichtet hat, aus sich selbst etwas zu machen“, sagt Dietrich Bonhoeffer, „dann wirft man sich Gott ganz in die Arme. Und ich denke, das ist Glaube.“

Und doch ist das nicht alles. Die Menschen in der Bibel, die es mit dem Glauben aufnehmen, vertrauen nämlich nicht einfach blindlings. So wie es in einem vermeintlich frommen Kirchenlied heißt: „Laß ruhn zu deinen Füßen dein armes Kind: es will die Augen schließen und glauben blind“ (EG 376,2). Der biblische Glaube ist grundsätzlich nicht blind, sondern sehend. Abraham ist ja nicht gänzlich verborgen, worauf er sich einlässt. Er hat die Verheißung auf Land, Nachkommenschaft und Segen. Auch den Jüngern wird bei ihrer Berufung gesagt, was auf sie zukommt. Wer glaubt, stürzt sich also nicht einfach in ein unbekanntes Abenteuer. In allem Vertrauen geht es auch um bestimmte, unverwechselbare *Inhalte*. Inhalte, um die man in der Tat auch *wissen* muss. „Glauben heißt: nicht wissen“? Von wegen. Vielmehr gilt – um es mit einem anderen Kirchenlied zu sagen – „Ich *weiß*, woran ich glaube“ (EG 357). Deshalb sagt das Glaubensbekenntnis ja auch nicht einfach nur „ich glaube“, sondern „ich glaube *an*“. Aber an was genau?

3. Glaube an Gott. Doch an welchen?

„An" irgendetwas glauben viele. Udo Jürgens etwa glaubte – zumindest in einem seiner Lieder – „an die Liebe". Der Schweizer Schriftsteller Friedrich Dürrenmatt wollte, obwohl er nach eigenem Bekunden auch immer mit dem Schlechten rechnete, unbedingt „an das Gute im Menschen" glauben. Unzählige Ratgeber für ein gelingendes Leben empfehlen, vor allem „an sich selbst" zu glauben. Während die FDP-Politikerin Daniela Kluckert freimütig bekennt: „Ich glaube an den Wettbewerb." Von Kaiser Wilhelm II. ist überliefert, dass er angesichts der Erfindung des Automobils ausgerufen haben soll: „Ich glaube an das Pferd." An irgendetwas glauben also viele.

Unser Glaubensbekenntnis spricht in dem Zusammenhang nicht von „Liebe", vom „Guten im Menschen" oder von „sich selbst", sondern von *Gott*: „Ich glaube an Gott". Doch auch das tun viele. Nach einer jüngeren Umfrage des Nachrichtenmagazins DER SPIEGEL glauben immerhin noch 55 Prozent der Deutschen „an einen Gott". Das Problem ist allerdings, dass jeder dieser Millionen von Menschen unter „Gott" womöglich etwas anderes versteht. Nach Martin Luther kann „Gott" ja manches sein. Für die meisten sei es schlicht der „Mammon". Doch das sei nicht der einzige Gott, den es in der Welt gebe. Denn „auch, wer darauf traut und trotzt, dass er große Kunst, Klugheit, Gewalt, Gunst, Freundschaft und Ehre hat, der hat auch einen Gott". Kurz: „Worauf du nun dein Herz hängst und verlässest, das ist eigentlich dein Gott." Mit dem bloßen Satz „Ich glaube an Gott" ist also noch gar nicht gesagt, um *welchen* Gott es hier geht.

Etwa das sogenannte „Dritte Reich" führte – zumindest in seiner Anfangszeit – die Rede von „Gott" durchaus im Munde. Man hielt den Führer für „gottgesandt". Und Menschen, die sich von der Kirche abgewandt hatten, aber dennoch an „ein höheres Wesen" glaubten, galten offiziell als „gottgläubig". In Heinrich Bölls Satire „Doktor Murkes gesammeltes Schweigen" wird der Vorschlag gemacht, das Wort „Gott" durch „jenes höhere Wesen, das wir verehren" zu ersetzen. Immerhin eine Formulierung, die manches offenlässt. Die ARD-Moderatorin Katrin Bauerfeind antwortet auf die Frage, ob sie an „eine göttliche Macht" glaube: „Ja, wenn's hilft, auch das. Das hat aber keinen Namen und ist eher so ein X." Der Glaube an Gott nicht mehr als „so ein X", also im Grunde eine Leerformel, die je nach Bedarf alles und nichts bedeuten kann?

Um dieser Beliebigkeit zu entgehen, sagt das Glaubensbekenntnis nun allerdings *mehr* als nur „ich glaube an Gott". Deshalb folgt diesem kurzen Eingangssatz ein relativ ausführlicher Text. Ja, es geht im christlichen Glauben an Gott nicht nur um Vertrauen, sondern auch um *Inhalte*, und zwar um unverwechselbare. Es geht um diesen und keinen anderen Gott. Der christliche Glaube glaubt also nicht nur „an einen Gott". Er glaubt an den Gott, der uns in der biblischen Botschaft Alten und Neuen Testaments in einzigartiger und gleichzeitig überaus vielfältiger Weise entgegentritt. Glaube also doch ein „Für-wahr-Halten", um mit Henry zu sprechen? Ja, sofern der Glaube jene Botschaft, also schlicht das Evangelium, für sich als wahr und verbindlich anerkennt. Nein, sofern er meint, auch gleich alle menschlichen und zeitbedingten Ausdrucksformen jener Botschaft gleichauf für wahr halten zu müssen. Niemand muss im Glauben seinen ihm von Gott geschenkten Menschenverstand an den Nagel hängen.

Weil es im Glaubensbekenntnis um diesen und eben keinen anderen Gott und deshalb auch um unverwechselbare Glaubensinhalte geht, ist auch Henrys weiterem Lehrsatz zu widersprechen, wonach Glauben „nicht wissen" heißt. Die Botschaft der Bibel, die im Glaubensbekenntnis ja nur in ein paar gebündelten Sätzen zusammengefasst ist, muss ja grundsätzlich *gewusst* sein, bevor ich sie als wahr und verbindlich anerkenne. Ohne Kenntnis dieser Botschaft – in welchem Umfang auch immer – ist ein christlicher Glaube eigentlich gar nicht möglich. Die junge Christenheit hat seinerzeit daraus die Konsequenz gezogen, vor jeder Taufe eine Unterweisung vorzunehmen. Zahlreiche Texte im Neuen Testament weisen darauf hin, etwa die Geschichte von dem Kämmerer aus Äthiopien (Apostelgeschichte 8,26-40). Oder die vom Gefängniswärter in Philippi. Bevor dieser sich mit seiner ganzen Familien taufen lässt, heißt es, dass die Apostel ihm „das Wort des Herrn und allen, die in seinem Hause waren, sagten" (Apostelgeschichte 16,32).

Es hat deshalb bis heute seinen guten Grund, wenn in der Kirche neben der Verkündigung und der Seelsorge auch die *Lehre,* die „Katechese" im christlichen Glauben, ausgeübt wird – in welcher Form und mit welchen Methoden auch immer. Vom kirchlichen Kindergarten über den Kindergottesdienst, den Konfirmanden- oder Kommunionunterricht, den Religionsunterricht an den Schulen, den Erwachsenengesprächskreisen oder Vortragsangeboten in den kirchlichen Akademien bis hin zu den persönlichen Vorbereitungsgesprächen etwa bei Taufen oder Trauungen. Wer es mit dem christlichen Glauben aufnimmt, sollte in der Tat *wissen,* worauf er sich einlässt. Und bevor man hier gleich wieder „Schule" oder „typisch protestantische Verkopfung" wittert, sollte man sich klarmachen, dass Lernen manchmal auch richtig Spaß machen kann. Immerhin sprechen die biblischen Zeugen immer wieder davon, dass es ihnen geradezu „Lust“ (Psalm 1,2) bereitet, sich mit dem Wort Gottes näher zu beschäftigen.

Und dann könnte es sein, dass daraus so etwas wie eine lebenslange Neugier wird. Denn niemand wird behaupten, dass man mit einem einmaligen Unterricht allen Tiefen und Untiefen der biblischen Botschaft schon auf die Spur gekommen ist. Gewiss ist und bleibt das Vertrauen der erste Schritt. Es könnte aber sein, dass dann das Abenteuer des Glaubens erst richtig beginnt. Wenn man denn Glauben nicht so sehr als einen festen Standpunkt, sondern – mit Abraham und den vielen anderen – mehr als ein *Unterwegssein* versteht.

Innehalten, Nachdenken und Fragen ausdrücklich erlaubt.

III. „DEN VATER“

Heilsame Irritation

1. Von stumpfen Nasen, blauen Augen, Rossen und Rindern

An das Foto kann sich Georg noch gut erinnern. Jahrelang hing es seinerzeit in der Wohnstube neben der Anrichte. Schwarzweiß in schmalem Goldrahmen. Ein junger, ernst dreinblickender Mann in Wehrmachtsuniform, den Kopf leicht geneigt. „Dein Vater“, sagte seine Mutter manchmal und blieb dann vielleicht für einen Moment in der Mitte des Zimmers stehen. „Er ist im Krieg geblieben.“ Obwohl Georg seinen Vater nie zu Gesicht bekommen hatte, war ihm zeit seiner Kindheit sein Vater immer gegenwärtig gewesen. „Dein Vater ...“, so begannen manche Erzählungen der Mutter. Geschichten, die sich wiederholten und die Georg im Laufe der Jahre fast auswendig kannte. „Dein Vater hat immer so gerne Grünkohl mit Speck gegessen.“ Oder: „Dein Vater konnte ja so furchtbar laut lachen.“ Mitunter auch, wenn sich die Gelegenheit bot: „Was dein Vater ja nun so gar nicht leiden konnte, das war Unpünktlichkeit.“ Wenn Georg später einmal etwa mit einem „Gut“ aus der Schule nach Hause kam, schien ihm das größte Lob, das seine Mutter zu vergeben hatte, zu sein: „Darüber hätte sich dein Vater aber gefreut." Gerne sah ihn die Mutter auch ein bisschen länger von der Seite an: „Deine Nase, Georg. Genau wie dein Vater."

Was ein Vater ist, weiß jedes Kind. Ganz einfach, weil jeder Mensch neben einer Mutter eben auch einen Vater hat. Unabhängig davon, welche Erfahrungen wir im Einzelnen mit ihm gemacht haben. Gute oder weniger gute. Auch Georg, der seinen Vater nie wirklich erlebt hat, hat einen Vater. Und auch die vielen Kinder, deren Väter sich irgendwie aus dem Staub gemacht haben, haben einen Vater. Selbst wenn dieser vielleicht nur noch als Abwesender präsent ist. Zudem gibt es immerhin noch genügend andere Familien, in denen Väter anzutreffen sind. Nein, was ein Vater ist, muss man niemandem lange erklären.

Insofern scheint es auf den ersten Blick keiner näheren Erläuterung bedürftig, wenn das Glaubensbekenntnis Gott „Vater" nennt, eben weil bereits jedes Kind weiß, was unter einem „Vater" zu verstehen ist. Doch was ist, wenn das eine Kind solche und ein anderes Kind eine völlig andere Vatererfahrung in seinem Leben gemacht hat? Es sind ja wahrhaftig nicht alle Väter gleich. Da mag es liebevolle oder tyrannische, fürsorgliche oder gleichgültige, strenge oder tolerante, zärtliche oder zur Gewalt neigende geben. Welche dieser verschiedenen Vatererfahrungen soll denn nun maßgeblich sein, wenn es darum geht, das Bekenntnis zu Gott als „dem Vater" zu verstehen?

Das Wort „Vater" ist ein *Beziehungs*begriff. Ohne Kind kein Vater. Die besondere Beziehung eines Vaters zu seinem Kind zeigt sich, folgen wir etwa den Erkenntnissen des Sozialpsychologen Erich Fromm, vor allem an der besonderen Art, sein Kind zu lieben. Während die Mutterliebe, so Fromm, „ihrem Wesen nach an keine Bedingung geknüpft" ist, so ist es bei der Liebe des Vaters zu seinem Kind gerade umgekehrt: „Ich liebe dich, *weil* du meinen Erwartungen entsprichst, weil du deine Pflicht erfüllst, weil du mir ähnlich bist." Unschwer fühlt man sich an Franz Kafkas erschütternden „Brief an den Vater" erinnert. Voller Bitterkeit beschreibt er darin, wie er zeitlebens vergeblich um die Aufmerksamkeit und Zuneigung seines Vaters gebuhlt habe. Zum Glück gibt es aber natürlich auch andere Väter. Heutzutage nicht wenige, die sozusagen auch die „mütterliche Seite" an sich entdecken. Mittlerweile sind die Vatererfahrungen überaus vielfältig. Das mag ein Fortschritt sein. Wenn es allerdings darum geht, nun auch Gott als einen „Vater" zu begreifen, mag es auch ein Problem sein.

Denn solange wir es in unserem Leben vor allem mit einem liebevollen und fürsorglichen, mit Erich Fromm gesprochen: „mütterlichen" Vater zu tun gehabt haben, mag es für die meisten Menschen mit der Vorstellung von Gott als „Vater" ja noch hingehen. Wer glaubte nicht gerne an einen liebevollen, umsichtigen und beschützenden „Vater im Himmel"? Zahllose fromme Erzählungen, Bilder, Kindergebete und Lieder zeugen davon, wie etwa das alte Abendlied von Nikolaus Herman:

> „Dir sei Dank, dass du uns den Tag
> vor Schaden, G'fahr und mancher Plag
> durch deine Engel hast behüt'
> aus Gnad und väterlicher Güt." (EG 467,2)

Doch was ist, wenn ich in meinem Leben eine ganz andere Vatererfahrung gemacht habe? Wenn mein leiblicher Vater vielleicht ein egozentrischer, despotischer und gewalttätiger, sozusagen „kafkaesker“ Haustyrann war? Soll ich mir dann auch Gott, den „Vater“, als einen finsteren, strafenden und brutalen Gesellen vorstellen? Und ist es nicht zumindest nachvollziehbar, wenn Menschen mit bedrückenden Vatererfahrungen das Bekenntnis zu Gott als dem „Vater“ nur schwer über die Lippen kommen will? Selbst der gelegentlich gemachte Vorschlag, in einem solchen Fall, Gott einfach nicht „Vater“, sondern „Mutter“ zu nennen, löst das Problem ja nicht wirklich. Zumindest solange es eben auch Mütter gibt, die einem nicht immer nur guttun.

Schon mit dem scheinbar so einfachen, jedermann unmittelbar zugänglichen Wörtchen „Vater“ sind wir also bereits mit einem überaus schwierigen Problem konfrontiert. In der Theologie wird dieses meist unter dem Stichwort „Anthropomorphismus“ („Menschengestaltigkeit“) verhandelt. Gemeint ist damit der Vorgang, bei dem man das Wesen und Wirken Gottes mit menschlichen Eigenschaften, menschlichen Funktionen oder Tätigkeiten beschreibt. Die Bibel ist voll von solchen Anthropomorphismen, also voll von sehr menschlich klingenden Aussagen über Gott. Er kann dort eben nicht nur als „Vater“, sondern auch als „Mutter“, „König“, „Hirte“, „Richter“, „Arzt“, „Wächter“ oder „Freund“ bezeichnet werden. Er kann dort „lieben“ oder „zürnen“, „ruhen“ oder „wachen“, kann „eifersüchtig“ oder „enttäuscht“ sein, kann „strafen“ oder „es sich gereuen lassen“. Es kann dort von seinem „Herzen“ oder seinem „Mund“, von seinen „Augen“, seinen „Ohren“, „Armen“ oder „Händen“ die Rede sein. Allesamt Begriffe, die gefüllt sind mit menschlichen Erfahrungen. Die Frage, die sich hier aufdrängt: Kann ein Gott, der mit so vielen menschlichen Attributen beschrieben wird, überhaupt noch etwas anderes sein als das Produkt menschlicher Vorstellungen?

Man muss übrigens kein christlicher Theologe sein, um die Problematik von Anthropomorphismen zu erkennen. Bereits der griechische Dichter Xenophanes (6./5. Jahrhundert v. Chr.) brachte es in einem anschaulichen, fast humorvollen Gedicht auf den Punkt:

„Stumpfe Nasen und schwarz:
so sind Äthiopias Götter.
Blauäugig aber und blond:
so sehn ihre Götter die Thraker.
Aber die Rinder und Rosse und Löwen,
hätten sie Hände,
Hände wie Menschen zum Zeichnen,
zum Malen, ein Bildwerk zu formen,
Dann würden die Rosse die Götter gleich Rossen,
die Rinder gleich Rindern
Malen, und deren Gestalten,
die Formen der göttlichen Körper,
Nach ihrem eigenen Bilde erschaffen:
ein jedes nach seinem."

Während man aus diesem Gedicht noch einen leicht spöttischen Unterton über die Naivität menschlicher Gottesvorstellungen heraushören kann, erkennt hier die Bibel allerdings ein sehr ernstes Problem. Unerbittlich heißt es bereits im zweiten Gebot: „Du sollst dir *kein* Bildnis noch irgendein Gleichnis machen, weder von dem, was oben im Himmel, noch von dem, was unten auf Erden, noch von dem, was im Wasser unter der Erde ist: Bete sie nicht an und diene ihnen nicht!" (2.Mose 20,4f) Wie bekommen wir das nun einigermaßen zusammen: das Verbot, sich ein Bild von Gott zu machen – und dazu gehören ja auch die vielen Bilder unserer Sprache –, und die Tatsache, dass die Bibel selbst voll ist von menschlichen Bildworten über Gott? Ist das Bekenntnis zu Gott als „Vater" am Ende geradezu eine Versündigung gegen das Bilderverbot? Oder das Wort der Bibel einfach nur ein Widerspruch in sich? Alles Fragen, die einen schlichten Christenmenschen, der womöglich nur einmal in Ruhe z. B. das Vaterunser beten möchte, schon beschäftigen können.

2. Ein anderer Vater

Vielleicht hilft an dieser Stelle eine interessante Beobachtung weiter, die wir an einigen Texten der Bibel selbst machen können. Wenn man sich die dortigen Anthropomorphismen, also die menschlichen Sprachbilder von Gott, einmal im Einzelnen anschaut, so stellt man häufig fest, dass sie einerseits in der Tat auf menschliches Erfahrungsmaterial zurückgreifen, es dabei andererseits aber häufig zu Überraschungen, zu deutlichen Korrekturen, wenn nicht gar ganzen Brechungen solcher Erfahrungen kommt. Hagar z. B., eine ägyptische Sklavin in Diensten von Sara und Abraham, sagt von Gott: „Du bist ein Gott, der mich sieht." (1.Mose 16,13) Dass Gott – menschlich gesprochen – „sieht", ja womöglich sogar alles sieht, gehört zunächst einmal zum üblichen Repertoire menschlicher Gottesvorstellungen. Bis hinein in unsere Kinderlieder und die damit verbundenen Erziehungsprinzipien:

„Pass auf, kleine Hand, was du tust!
Pass auf, kleine Hand, was du tust!
Denn der Vater im Himmel schaut herab auf dich,
drum pass auf, kleine Hand, was du tust!"

Der liebe Gott als Alles-Seher. „1984“ lässt grüßen: „Big brother ist watching you.“ Wie vielen Generationen von Kindern ist mit solch einem Gottesbild nicht schon Angst gemacht worden. Doch jener biblische Text, der von einem „sehenden“ Gott spricht, ist genau das Gegenteil von Angstmache. Es geht darum, dass Gott einen völlig verlorenen und verzweifelten Menschen nicht vergessen hat. Der „sehende“ Gott – für die auf der Flucht befindliche Hagar nicht unerträgliche moralische Kontrolle, sondern Rettung aus Lebensgefahr. Sehen und sehen ist offenbar zweierlei. In diesem Text geht es um das Sehen Gottes, das *anders* ist. Lebensrettend.

Für diesen Vorgang, nämlich dass in menschlichen Worten und Vorstellungen noch etwas anderes als nur Menschliches zum Ausdruck gebracht wird, gibt es mancherlei weitere biblische Beispiele. Etwa den Weinbergbesitzer, der allen seinen Arbeitern trotz extrem unterschiedlicher Arbeitsleistungen den gleichen vollen Lohn zahlt (vgl. Matthäus 20,1-16). Ökonomischer Wahnsinn. Oder den müde von einer Hochzeit heimkehrenden Hausherrn, der seine Knechte damit überrascht, dass er sie noch zu später Stunde zu Tisch bittet. Ein eigentlich undenkbarer Vorgang (vgl. Lukas 12,35-38). Oder den Hirten, der – bar jeder menschlichen Vernunft – „sein Leben für die Schafe lässt“ (Johannes 10,11). Nicht zuletzt den König, dessen Krone nicht aus Gold und Edelsteinen, sondern aus einem Folterinstrument besteht (vgl. Matthäus 27,29). Überall zunächst das Aufgreifen menschlicher Vorstellungen – ob von einem Weinbergbesitzer, einem Hausherrn, einem Hirten oder einem König –, die dann jeweils doch eine überraschende Wendung oder gar Verkehrung erfahren, die so in den bisherigen Vorstellungen nicht vorgesehen waren. Und die gerade auf diese Weise etwas von Gott erzählen. Von einem Gott, der offensichtlich anders ist als unsere Gottesvorstellungen. Sich „kein Bild von Gott machen“, hieße dann, dass wir bei unserem Reden von Gott – auch da, wo wir es mit menschlichen Mitteln tun – unsere Erfahrungen und Vorstellungen nicht zum Maßstab machen. Hieße, vor allem darauf hören, was die häufig überraschenden biblischen Gottesbilder von *sich* aus über Gott sagen wollen.

Und das gilt nun sicher auch, wenn wir von Gott, so wie es das Glaubensbekenntnis ja vorsieht, als einem „Vater“ reden. Sicher weiß jedes Kind, was ein Vater ist. Aber ist damit auch bereits alles über den „Vater im Himmel“ gesagt? Sich kein Bild von Gott machen, hieße also auch hier, dass wir angehalten sind, einmal von unseren eigenen – so oder so gemachten – Vatererfahrungen abzusehen. Hieße, sich vielleicht einmal auf eine ganz *neue* Vatererfahrung einlassen. Hieße also konkret, zunächst einmal in Ruhe auf das achten, was die *Bibel* sagt, wenn sie von Gott als dem „Vater“ spricht.

Dazu müssen wir uns allerdings für einen Moment in die Gedanken- und Vorstellungswelt einer vergangenen Zeit hineinversetzen. Es wird gewiss nicht das letzte Mal sein. In der antiken „patriarchalen“ Gesellschaft spielte der natürliche Vater eine überaus dominante Rolle. Das hatte verschiedene Gründe. Der wichtigste war womöglich ein biologisches Missverständnis. Man war allgemein der irrigen Meinung, dass das männliche Sperma der ausschließliche Träger des Lebens sei. Bei der Zeugung stellte die Frau ihren Leib dem Samen des Mannes gewissermaßen nur als einen „Acker“ bzw. als ein „Gefäß“ zur Verfügung. Bevor wir uns nun allerdings darüber lustig machen, sollten wir uns klarmachen, dass diese medizinische Sicht der Dinge noch bis weit ins 19. Jahrhundert hinein Geltung hatte. Erst 1841 wurde die weibliche Eizelle entdeckt, und zwar zunächst bei Säugetieren. Galt der Mann – aus jenem biologischen Missverständnis heraus – als der eigentliche Träger und Weitergeber des Lebens, so war eine entsprechende gesellschaftliche Stellung nicht mehr weit. Der Vater war das unhinterfragte Oberhaupt, der „Patriarch“ von Familie und Sippschaft.

Wenn nun in der Bibel an nicht eben wenigen Stellen Gott als „Vater“ bezeichnet wird, so lautet die Botschaft – im Denken der damaligen Zeit – zunächst ganz schlicht, dass Gott der Urheber des Lebens ist. Eine Aussage, die immerhin bedenkenswert ist und uns sicher noch etwa beim Thema „Schöpfung“ näher beschäftigen wird. Im Denken der damaligen Zeit bedeutete das aber auch den unbedingten Herrschaftsanspruch Gottes. So wie eben der Vater im Verbund von Familie und Sippe das unbedingte Sagen hatte, so auch Gott im Hinblick auf die Seinen. Auch dieser Gedanke ist uns nicht fremd, wenn wir allein an das unüberhörbare „du sollst“ der Zehn Gebote denken oder daran, dass etwa Jesus immer wieder vom Willen des Vaters spricht, der zu befolgen sei. Insofern knüpft die Rede von Gott als „Vater“ zunächst durchaus an die (damalige) menschliche Erfahrungswelt an.

Doch gerade dieses scheinbar so bruchlos aus der menschlichen „Vater“-Vorstellung abgeleitete Vatersein Gottes erfährt immer wieder erstaunliche Überraschungen, Brechungen oder gar Gegenbewegungen. So wird Gott z. B. als „Vater der Waisen und ein Helfer der Witwen“ bezeichnet (Psalm 68,6). Ein anderer Psalmsänger lobt ihn mit den Worten: „Wie sich ein Vater über Kinder erbarmt, so erbarmt sich der Herr über die, die ihn fürchten“ (Psalm 103,13). Das ist offensichtlich eine sehr andere „Furcht“ als die, die der kleine Franz Kafka vor seinem herrischen, angsteinflößenden Vater haben musste. Und die „Furcht“ dieser Kinder ist deshalb eine andere, weil sie es eben mit einem sehr anderen Vater zu tun haben. Vielleicht sollte man hier besser von „Ehrfurcht“, von „Achten“ oder gar „Vertrauen“ reden.

In Gottes Vatersein geht es um ein väterliches Verhalten, das Jesus z. B. in dem bekannten Gleichnis vom „Verlorenen Sohn“ beschreibt. Den heruntergekommenen, „verlorenen“ Sohn empfängt der Vater nicht etwa mit einer herrscherlichen – sei's vorwurfsvollen, sei's gnädig herablassenden – Geste. Es heißt vielmehr: „Als er aber noch weit entfernt war, sah ihn sein Vater und es jammerte ihn, und er lief und fiel ihm um den Hals und küsste ihn“ (Lukas 15,20). Für einen Patriarchen der damaligen Zeit ein völlig unangemessenes, geradezu würdeloses Verhalten. Die Botschaft: Gottes Vatersein ist anders. Kein Wunder, dass nicht wenige Künstler genau diese Szene festgehalten haben, allen voran Rembrandt in seiner berühmten Radierung von 1636. Der Sohn, ausgemergelt und elend, hingestolpert auf den Stufen des Hauses: ein Bild des Jammers. Und der Vater mit einem etwas überzeichnet großen Gewand über ihn gebeugt, ihn schützend, ihn bergend: ein Bild überströmender Liebe.

Dieses „andere“ Vaterbild begegnet uns vor allem in Jesu eigenem Verhältnis zu seinem himmlischen Vater. Es ist – auch das ungewöhnlich für die damalige Zeit – ein überaus inniges. Erstmals spricht er überhaupt von „*meinem* Vater“. Mehr noch, er ruft ihn in der Stunde höchster Bedrängnis mit „Abba“ an (Markus 14,36). Im Aramäischen, dem hebräischen Dialekt, den Jesus gesprochen hat, bedeutet „Abba“ so viel wie „Papa“.

Geht es vertraulicher? In dieser Weise nicht nur *von*, sondern auch *zu* Gott zu reden, war in der damaligen Zeit zumindest höchst ungewöhnlich. Aber es geht noch weiter. Etwa im „Vaterunser" ermuntert Jesus dann auch die Seinen, es ihm nachzutun, also Gott als den „anderen", eben als den uns entgegen kommenden, den barmherzigen und vergebenden Vater anzurufen, auf dass wir also durch Christus selber Kinder dieses „anderen" Vaters werden. Später greift der Apostel Paulus diesen Gedanken noch einmal auf, wenn er der Gemeinde in Rom schreibt: „Ihr habt einen kindlichen Geist empfangen, durch den wir rufen: Abba, lieber Vater!" (Römer 8,15).

Wenn man die Bibel aufschlägt, merkt man bald, dass es also nicht so einfach geht, seine menschlichen Vatererfahrungen mir nichts, dir nichts auf Gott zu übertragen. Die biblischen „Vater"-Texte sprechen eine eigene Sprache und haben eine eigene Botschaft. Wohl aber sind wir angehalten, im Gehör auf diese „anderen" Vateraussagen vielleicht noch einmal unsere eigenen Vorstellungen von Gott ganz neu zu überdenken.

3. Widerstand gegen alle Kafka-Väter

„Das entspricht überhaupt nicht meinem Gottesbild." Wie oft habe ich in den letzten Jahren diesen Satz gehört. Meist waren wir gerade dabei, einen etwas sperrigen Bibeltext zu erarbeiten. Einen Text, in dem vielleicht von Gottes „Zorn" oder „Gewalt" zu lesen war oder davon, dass er Menschen „prüft" oder gar „in Versuchung führt". Dass er „eifert" und bestimmte Sünden „nicht ungestraft lässt". Dass er sogar ein „rechter Kriegsmann" ist, der „Ross und Mann ins Meer stürzt". Es ist wahr: Da gibt es schon die eine oder andere biblische Aussage, die einem zu schaffen machen kann. Verständlich, wenn einem dann rasch ein „Das entspricht überhaupt nicht meinem Gottesbild“ herausrutscht.

Das Wort „Gottesbild“ scheint sich ja immer mehr einzubürgern. Ganze Doktorarbeiten gibt es inzwischen über die verschiedensten „Gottesbilder“ etwa von Frauen und Männern oder Mädchen und Jungen. Gottesbilder in unterschiedlichen Kulturen oder sozialen Milieus. Manche Gemeinde hat schon ein buntes Bilderbuch erstellt, gemalt von Kindern: „Wie ich mir Gott vorstelle.“ Vom Raumschiff über Sonnenblumen bis hin zu dem klassischen Opa mit Bart gibt es da durchaus Interessantes zu sehen. Interessant vor allem deshalb, weil diese Bilder interessante Dinge über die jeweiligen *Menschen* erzählen. Xenophanes lässt grüßen. Denn genau genommen kommen wir mit unseren Gottesbildern immer gerade nur so weit, wie unser begrenzter Erfahrungshorizont nun einmal reicht. Bis dahin, dass man sich Gott blauäugig und blond vorstellt, weil man als Thraker nun einmal selber blauäugig und blond ist. Auch wir haben am Beispiel des „Vaters“ gesehen, dass wir, wenn es um *Gott* gehen soll, mit unseren Bildern und Vorstellungen nicht besonders weit kommen.

Demgegenüber ist uns beim Aufschlagen der Bibel noch etwas anderes begegnet als nur das, was wir vorher schon wussten. Wohl spricht sie, wenn sie Gott „Vater“ nennt, in menschlichen Worten zu uns und knüpft damit zunächst einmal an unsere menschlichen Erfahrungen an. Das allein sollte uns schon aufmerken lassen. Denn es ist doch alles andere als selbstverständlich, Gott „Vater“ zu nennen und etwa im Vaterunser auch so anzureden. Es ist doch vielmehr eine große und erstaunliche *Erlaubnis,* sich Gott, dem Ewigen und Erhabenen, überhaupt so „menschlich“ nähern zu dürfen. Und vielleicht sollten wir, wenn uns etwa im Gebet das „lieber himmlischer Vater“ ein bisschen flott über die Lippen geht, einfach einmal innehalten und allein über dieses besondere Wunder der Menschwerdung Gottes ins Staunen kommen. Wir werden ganz menschlich angesprochen und begegnen darin etwas Neuem, etwas Anderem. *Einem* Anderen. Gott.

Denn gleichzeitig werden unsere menschlichen Vater-Erfahrungen in den biblischen „Vater“-Aussagen über Gott ja nicht einfach bestätigt, sondern eher korrigiert, wenn nicht mitunter sogar durchkreuzt. Bei dem einen oder anderen, was dort über Gott als „Vater“ gesagt wird, ist man, gelinde gesagt, doch ein wenig irritiert. Genau genommen: *heilsam* irritiert. Und diese heilsame Irritation war dem Glaubensbekenntnis offenbar so wichtig, dass sie das „Ich glaube an Gott, den Vater“ gleich an prominenter Stelle positioniert hat.

Denn wer Gott als „Vater“ bekennt, darf sich logischerweise selbst als *„Kind“* verstehen. Und auch hier tun wir gut daran, nicht gleich mit unseren – so oder so gemachten – Kind-Erfahrungen zu kommen. So als würde die Vorstellung von Gott als „Vater“ den Menschen automatisch infantil und unmündig halten. Dieses – angeblich christliche – Menschenbild hat, wie wir wissen, schon mancherlei Schaden angerichtet. Hat Menschen geprägt, die meinen, dass es besser sei, aus vermeintlich frommen Gründen nicht den eigenen Kopf zu gebrauchen, nicht aufzubegehren und gegebenenfalls die Widrigkeiten des Lebens eher klaglos hinzunehmen. Der Apostel Paulus nennt das einen „knechtischen Geist“. Doch er hält dagegen: „Ihr habt nicht einen knechtischen Geist empfangen, dass ihr euch abermals fürchten müsstet; sondern ihr habt einen kindlichen

Geist empfangen." (Römer 8,15) Ein Kind *dieses* Vaters ist also grundsätzlich ein Kind der *Freiheit*.

Man wünschte manch einem kleinen oder auch großen Franz wahrhaftig endlich einen Vater, vor dem er sich nicht „abermals fürchten müsste". Man wünschte manch einem bedrückten Menschen, dass er – gerade im Glauben an „Gott, den Vater" – zu einem „aufrechten Gang" (Ernst Bloch) und „aufgerichteten Haupt" (Heidelberger Katechismus) finden möchte. Man wünschte nicht zuletzt manch einem Kind Gottes, dass es voller Vertrauen in jenen „anderen" Vater Mut zum Widerstand fassen könnte – gegen alle kleinen und großen Kafka-Väter dieser Welt.

IV. „DEN ALLMÄCHTIGEN“

Bollwerk gegen Omnipotenzphantasien

1. „Papa kann alles“

„Mein Papa kann Pizza backen.“ Stolz trompetet Torben seine Botschaft in die Kita-Morgenrunde. „Und mein Papa kann ein richtiges Vogelhäuschen basteln“, berichtet Sinja. Nun ist Melvin an der Reihe. „Mein Papa kann alles.“ Upps! Torben und Sinjas Papas können ja schon ziemlich tolle Sachen. Aber *alles*? „Kann dein Papa denn auch Ballett tanzen?“, will Sinja nun doch wissen. Bevor Melvin zu einem längeren Bericht anhebt, ist Heidrun, die erfahrene Erzieherin, zur Stelle und kann die Dinge pädagogisch ein wenig geraderücken: „Schön, wenn der Papa vieles kann. Aber ich glaube, auch wir können eine ganze Menge. Wer von euch kann denn zum Beispiel ... singen?“ „Iiich!“, schallt es durch den Raum. Na bitte. Zufälligerweise hat Heidrun ihre Gitarre dabei. Der Rest ist fröhlicher morgendlicher Gesang: „Er hält die ganze Welt in seiner Hand ...“

Dass der Papa vieles oder gar „alles“ kann, gehört wohl zur Grundausstattung eines jeden frühkindlichen Gemüts. Vielleicht ist es auch nur der Ausdruck einer großen Sehnsucht nach Geborgenheit, nach Schutz und einem guten Aufgehobensein. Die Sehnsucht nach einer Macht, die größer ist als ich, die – komme, was da wolle – zu mir hält und die gegebenenfalls auch einmal für Recht und Ordnung sorgt. Wohl dem Kind, das solch eine Erfahrung machen kann, bevor dann irgendwann eine unerbittliche Aufklärung das Regiment übernimmt und man mehr und mehr gewahr wird, was der Papa tatsächlich kann und vor allem, was er alles nicht kann.

Ist der Glaube, wenn er sich zu Gott nicht nur als „dem Vater", sondern im gleichen Atemzug auch zu ihm als „dem Allmächtigen" bekennt, auch so eine Art frühkindliche, voraufgeklärte Sehnsucht? Eine bloße Wunschvorstellung, die dann natürlich alle möglichen Phantasien freisetzt? Im Alter von vier Jahren habe ich meiner Mutter einmal folgende Frage gestellt: „Ma, kann Herr Jesus auch mal auf dem schmalen Bilderrahmen da balancieren?" „Natürlich kann er das", antwortete meine Mutter. „Aber das ist doch gar nicht nötig, meinst du nicht?" Ob diese theologisch korrekte Antwort, wonach Gott noch längst nicht alles tut, was er kann, den damaligen Wissensbedarf befriedigt hat, ist nicht überliefert. Immerhin sind wir jetzt schon einmal beim Thema. Es lautet: Was meinen wir eigentlich, wenn wir Gott „allmächtig" nennen?

Dass das Bekenntnis zu dem „Allmächtigen" dem Bekenntnis zum „Vater" auf dem Fuße folgt, ja an späterer Stelle zu einem „allmächtigen Vater" geradezu zusammengeschmolzen erscheint, lässt einen doch stutzen. Denn wie mag sich das, was wir uns über den „anderen" Vater klargemacht haben, mit einem Gottesbild zusammenreimen, das nun doch wieder sehr herrscherliche Züge zu tragen scheint? Zumal nicht nur von

„Macht“, sondern sogar von „*All*macht“ die Rede ist. Man muss leider feststellen: Auch Adolf Hitler glaubte, wie er verschiedentlich behauptete, an „den Allmächtigen“ oder an das, was er dafür hielt, nämlich eine quasi-religiöse Legitimation seiner eigenen Allmachtphantasien. Trotz eines solch schrecklichen Missbrauchs muss für uns dennoch die Frage erlaubt sein: Kann Gott wirklich „alles“? Und wenn ja, warum tut er es dann nicht?

Es gibt nicht wenige Menschen, die an der Allmacht Gottes zweifeln, wenn nicht gar verzweifeln. Wie kann ein Gott, der nicht nur „Vater“, sondern angeblich eben auch „allmächtig“ ist, es zulassen, so fragen sie, dass Menschen leiden, dass unschuldige Kinder sterben, dass allenthalben auf der Welt so unendlich viel Unrecht geschieht? Wie kann er den vielen Naturkatastrophen so tatenlos zusehen? Ist er vielleicht gar nicht so väterlich? Und wenn er es für diesen oder jenen sein sollte, vielleicht gar nicht so allmächtig, wie behauptet? Ja sollte man angesichts des vielen Leids in der Welt nicht am Ende ganz davon Abstand nehmen, von Gott zu reden?

Wir sind übrigens bei Weitem nicht die Ersten, die solche kritischen Fragen stellen. Von Epikur (341–271 v. Chr.), einem anderen griechischen Philosophen der Antike, ist uns ein scharfsinniger Gedankengang überliefert, der sinngemäß so geht: Entweder will Gott das Leid beseitigen, aber er kann es nicht. Dann wäre er nicht allmächtig. Oder er kann das Leid beseitigen, aber er will es nicht. Dann wäre er, wie Epikur es nennt, „missgünstig“. Davon ist aber nicht auszugehen. Oder aber er kann es nicht und will es auch nicht. Dann aber wäre er gar nicht Gott. Muss man sich wundern, wenn durchaus nachdenkliche Menschen mit ihrer Grübelei über Gott am Ende im Atheismus landen?

So sagte der ehemalige Bundesligatrainer Udo Lattek nach dem Tod seines 15-jährigen Sohnes, dass er mit einem Gott, der einen unschuldigen Menschen so leiden lasse, nichts mehr zu tun haben wolle. Und die Theologin Dorothee Sölle war immerhin der Meinung, „seit Auschwitz“ nicht mehr „Lobe den Herrn, der alles so herrlich regieret“ singen zu können. Angesichts des vielfältigen Leidens in der Welt könne man heute nur noch, wie sie es nannte, „atheistisch an Gott glauben“. Wenn überhaupt, so müsse man in Zukunft völlig anders von Gott reden. Aber jeder Seelsorger, der mit menschlichem Leid konfrontiert wird, weiß, dass sich die quälende Frage nach dem „Warum?“ nicht so leicht theologisch beruhigen lässt. Kein tödlicher Verkehrsunfall, kein mörderischer Anschlag, kein verheerendes Erdbeben, bei dem nicht ein bohrendes „Wie kann Gott das zulassen?“ wie ein schwarzer Schatten über uns schwebte.

Traditionell wird diese Frage gewöhnlich unter dem Stichwort „Theodizee“ verhandelt. Der Begriff stammt von dem Philosophen Gottfried Wilhelm Leibniz (1646–1716) und bedeutet wörtlich „Rechtfertigung Gottes“. Gemeint ist: Wie lässt sich angesichts des nun einmal nicht zu leugnenden Leids in der Welt der Glaube an Gott überhaupt „rechtfertigen“? Leibniz' Antwort: Was wir als Widerspruch empfinden, erklärt sich aus dem grundsätzlichen Unterschied zwischen Gott und Mensch. Gott ist ewig, der Mensch endlich. Gott ist vollkommen, der Mensch unvollkommen. Erst als Teil eines übergeordneten, gewissermaßen „harmonischen“ Ganzen bekommen das Unvollkommene und so auch das Leid einen Sinn. Einen Sinn, der allerdings nicht immer zu erkennen ist. „Wer weiß, wofür et jot es“, würde der Rheinländer sagen. Aber ob eine solche Antwort Eltern, die gerade ihren jungen Sohn verloren haben, weiterhilft?

Überhaupt ist über das Thema der göttlichen Allmacht von philosophischer Seite immer wieder heftig spekuliert worden. Ist nicht allein der Gedanke daran, so die häufig gestellte Frage, ein Widerspruch in sich? Wenn Gott alles könne, so könne er ja beispielsweise auch einen Stein erschaffen, den er selbst nicht zu heben imstande sei. Und wenn er diesen nicht zu heben vermöge, so könne er eben nicht alles. Dasselbe Gedankenspiel kann man auch an dem Motiv einer göttlichen Allwissenheit durchexerzieren. Wenn Gott alles wisse, so müsse er ja auch etwa ein Rätsel kennen, dessen Lösung ihm wiederum nicht bekannt sei. Kenne er solches nicht, so sei er eben auch nicht allwissend. Absurd? Immerhin ist Denken nicht verboten, auch wenn es noch so abstrus erscheint.

2. Sich Gott in die Arme werfen

Wenn wir nun die Frage nach der Allmacht Gottes an die *Bibel* herantragen, so fällt zunächst einmal auf, dass das Thema dort offensichtlich keine zentrale Rolle spielt. Das, was in der Geschichte des Glaubens und Denkens bis in unsere Tage hinein immer wieder ein so großes Gewicht hat, dass sich daran für manche Menschen sogar die Alternative „Glaube oder Nichtglaube" entscheidet, das findet in den biblischen Texten – man muss es so nüchtern feststellen – allenfalls am Rande Erwähnung. Schon gar nicht beteiligt sich die Bibel an irgendwelchen wilden Spekulationen: Was wäre, wenn ... Die biblischen Texte kreisen vielmehr in erster Linie, um es mit ihren eigenen Worten zu sagen, um „die großen Taten Gottes" (Apostelgeschichte 2,11; vgl. Psalm 106,2), kreisen um Schöpfung und Befreiung, um Gottes Reich und um die Aussicht auf einen „neuen Himmel und eine neue Erde" und infolgedessen um ein verantwortliches menschliches Verhalten in einer noch nicht erlösten Welt.

Wohl wird immer wieder ein Loblied auf die *Macht* Gottes gesungen: „Herr, Gott Zebaoth, wer ist wie du? Mächtig bist du, Herr, und deine Treue ist um dich her" (Psalm 89,9). Aber auch hier deutet sich bereits an, dass wir wenig weiterkommen, wenn wir die Macht Gottes einfach nur als eine ins Unendliche vergrößerte menschliche Macht verstehen wollten. Es ist ja die Macht seiner „*Treue*", die hier gelobt wird. Sie wird nicht mit Waffengewalt durchgesetzt, sondern, wie es heißt, „aus dem Munde von Kindern und Säuglingen zubereitet" (Psalm 8,3). Das ist zumindest erst einmal ein sehr anderer Grundton als der, mit dem in anderen antiken Religionen die Macht der herrschenden Götter besungen wurde. Gottes Macht ist nicht die Verlängerung menschlicher Gewaltphantasien.

Nicht viel anders das Neue Testament. Eindrücklich wird das etwa in der Passionsgeschichte Jesu deutlich. Anlässlich seiner Verhaftung, in dessen Verlauf einer der Jünger mit Waffengewalt dreinschlagen will, sagt er: „Stecke dein Schwert an seinen Ort ... Oder meinst du, ich könnte meinen Vater nicht bitten, und er würde mir sogleich mehr als zwölf Legionen Engel schicken?" (Matthäus 26,53) Gottes Macht steht also grundsätzlich nicht in Frage. Doch zumindest hier zeigt sich, dass er ebenso die Freiheit hat, auf die Ausübung seiner Macht da, wo er es für richtig hält, *zu verzichten*. Gottes Macht sieht also sehr anders aus. „Meine Kraft ist in den Schwachen mächtig", wird Paulus einmal sagen (2.Korinther 12,9). Ausgerechnet er, der alte Kämpfertyp.

Wenn hier und da in der Bibel nun allerdings doch auch von Gottes *All*macht die Rede ist, so augenscheinlich eher beiläufig. So als sei sie eine Art Selbstverständlichkeit, die keiner weiteren Problematisierung bedarf. So schickt etwa der betagte Isaak seinen Sohn Jakob mit einem Segenswort auf die Lebensreise: „Der allmächtige Gott segne dich und mache dich fruchtbar und mehre dich" (1.Mose 28,3). Ja, das Motiv der Allmacht Gottes taucht eigentlich nur dort auf, wo es um Menschen geht, die sich in Sorge, in Anfechtung, Angst oder Bedrängnis befinden und deshalb des *Trostes* bedürfen. So sendet z. B. Jesus seine Jünger in eine bedrohliche Zukunft mit den Worten, dass „kein Haar von eurem Haupt verloren gehen soll" (Lukas 21,18) – bildhafter Ausdruck für Gottes Allmacht, die so weit reicht, dass sie auch das Geringste nicht aus den Augen verliert. In der berühmten Frage 1 des Heidelberger Katechismus, in der es um den „einzigen Trost im Leben und im Sterben" geht, wird genau darauf Bezug genommen. Dieser Trost besteht nämlich unter anderem darin, „dass ohne den Willen meines Vaters im Himmel kein Haar von meinem Haupt fallen kann". Die Rede von Gottes Allmacht im Modus des tröstenden Zuspruchs und nicht im Modus des Grübelns darüber, ob Gott einen Stein erschaffen kann, den er selber nicht zu heben vermag.

Die Bibel setzt also, wenn es um die Allmacht Gottes geht, zunächst einmal ein ganz eigenes Gewicht. Deshalb gerät auch das in der „Theodizee"-Frage so wichtige *Leidens*thema unter eine andere Perspektive. Natürlich kommt auch das Leid in der Bibel zu Wort. Und das wahrlich nicht zu knapp. Man lese nur einmal in Ruhe die Psalmen, die Klagelieder Jeremias und nicht zuletzt die Passionsgeschichte Jesu. Aber wer leidet – und das ist der entscheidende Unterschied –, stellt dort nicht immer gleich die Allmacht Gottes oder gar seine ganze Existenz in Frage. Wer leidet, klagt dies vielmehr genau dem Gott, an dessen „großen Taten“ er nicht nur sich, sondern auch Gott selbst erinnert: „Gedenke, Herr, an deine Barmherzigkeit und an deine Güte, die von Ewigkeit her gewesen sind“ (Psalm 25,6). Zwar klagt der Leidende auch immer wieder darüber, dass Gott „so ferne steht“ (Psalm 10,1), dass er „nicht antwortet“ oder ihn gar „verlassen hat“ (Psalm 22,2f). Aber er klagt es immer noch in Gottes Ohr und nicht in ein großes Nichts hinein. Selbst der sterbende Christus am Kreuz klagt nicht: „Warum bin ich so verlassen?“ Sondern: „Mein *Gott,* warum hast *du* mich verlassen?“ (Markus 15,34). Die Leidensklage in der Bibel hat eine unverwechselbare Adresse.

Vor allem die des *unschuldig* Leidenden. Immer wieder wird etwa in den Psalmen genau darüber Klage geführt, dass das Leid den Falschen trifft: „Siehe, Herr, sie lauern mir auf; Starke rotten sich wider mich zusammen ohne meine Schuld und Missetat“ (Psalm 59,4). Ja, „die mich ohne Grund hassen, sind mehr, als ich Haare auf dem Haupt habe. Die mir ohne Ursache feind sind und mich verderben wollen, sind mächtig“ (Psalm 69,5). Beklagt wird ebenfalls voller Bitterkeit, dass Gott das Unrecht in der Welt scheinbar einfach gewähren lässt: „Ach, Herr, wie sind meiner Feinde so viel und erheben sich so viele wider mich! Viele sagen von mir: Er hat keine Hilfe bei Gott.“ (Psalm 3,2f) Der Psalmbeter könnte genauso gut fragen: „Wie kann Gott das zulassen?“ Die alte Frage der Theodizee.

Mit geradezu schonungsloser Offenheit wird diese Frage vor allem am Beispiel des leidenden Hiob gestellt. Dieser Mann, von dem es zunächst heißt, dass er „fromm und rechtschaffen, gottesfürchtig und das Böse meidend" war (Hiob 1,1), wird von heute auf morgen in großes Leid gestürzt. Zuerst werden seine Viehherden geraubt, dann seine Knechte erschlagen. Anschließend fällt Feuer vom Himmel und verzehrt Tiere und Menschen. Schließlich bringt ein Sturm tödliches Verderben über seine Söhne und Töchter. Doch damit nicht genug: Eine üble Krankheit überzieht Hiobs Körper „mit bösen Geschwüren von der Fußsohle an bis auf seinen Scheitel" (Hiob 2,7). Die Beziehung zu seiner Frau geht in die Brüche. Man fragt sich in der Tat: „Wie kann Gott das zulassen?"

Hiobs Freunde haben darauf eine durchaus einleuchtende Antwort. Ihre These: Hiob war zuvor gar nicht so „fromm und rechtschaffen" wie behauptet. Er solle nur einmal ehrlich und offen sein bisheriges Leben ausleuchten, so werde er schon genügend Gründe für sein Elend finden. „Bedenke doch", so der eine, „wo ist ein Unschuldiger umgekommen? Oder wo wurden die Gerechten je vertilgt? Wohl aber habe ich gesehen: Die da Frevel pflügten und Unheil säten, ernteten es auch ein." (4,7f) „Meinst du", so der andere, „dass Gott unrecht richtet oder der Allmächtige das Recht verkehrt?" (8,3) Dass das Leid seinen Grund in unserem eigenen Fehlverhalten hat, ist ja eine bis heute überaus populäre Annahme. „Womit habe ich das verdient?", fragen sich immer wieder Menschen, die in irgendeine Not geraten sind. Menschlich durchaus verständlich.

Doch Hiob geht einen anderen Weg. Er beharrt darauf, dass sein Leiden nicht in einem Fehlverhalten seinerseits begründet sein kann. Er insistiert auf seiner Unschuld und will deshalb die theologischen Belehrungen seiner Freunde nicht akzeptieren. Aber im Unterschied zu seiner Frau, die ihm rät:

„Sage Gott ab und stirb!“ (2,9), im Unterschied auch zu den vielen Menschen, die angesichts des vielen Leids in der Welt mit Gott nichts mehr zu tun haben wollen, hält Hiob an Gott fest – *obwohl* er ihn nicht versteht. Mit dieser Entscheidung verlässt Hiob die gedankliche Ebene, also das Grübeln darüber, nach welcher „Logik“ man sich die Allmacht Gottes vorzustellen habe, und begibt sich auf eine andere, auf eine *existentielle* Ebene: *Mit* seinem Elend und *mit* seinen nicht beantworteten Fragen wirft er sich dem allmächtigen Gott – mit Dietrich Bonhoeffer gesprochen – „ganz in die Arme“.

3. Mehr als bloße Solidarität

Ob die Frage nach der Allmacht Gottes damit gedanklich befriedigend beantwortet ist? Wohl kaum. Die Bibel tut es auch nicht. Geradezu unverbunden scheint ja der Glaube an die „selbstverständliche“ göttliche Allmacht neben dem Problem unschuldigen Leidens zu stehen. Logisch ist diese Lücke nicht zu schließen. Selbst einem so klugen Mann wie Leibniz mit seinem dicken Buch über die „Rechtfertigung Gottes“ ist das nicht gelungen. Und wer jemals am Sterbebett eines Kindes versucht hat, „sinnvolle“ Worte zu finden, weiß um dieses dunkle Loch. Weiß um das quälende, unbeantwortbare „Warum?“ Um eine Sinnlosigkeit, die einem jeden ehrlichen Menschen den Mund verschließt. Die Bibel jedenfalls hält hier keine wohlfeilen Antworten parat. Komme keiner etwa mit dem Verweis auf einen „strafenden“ Gott. Hiobs Freunde, die meinen, hier eine höhere Erklärung für das menschliche Leid gefunden zu haben, werden dafür von Gott selbst streng gerügt: „Mein Zorn ist entbrannt über euch; denn ihr habt nicht recht von mir geredet“ (Hiob 42,7). Die Bibel schließt nicht jene grause Lücke. Wohl zeigt sie am Beispiel Hiobs die Möglichkeit auf, *mit* dieser Lücke zu leben, ohne daran zugrunde zu gehen.

Ob das der Grund ist, weshalb die Väter unseres Glaubensbekenntnisses an dem Bekenntnis zu Gott als „dem Allmächtigen" festgehalten haben? Wohl können wir davon ausgehen, dass auch sie um jene Abgründe gewusst haben, die sich jedem ehrlich Glaubenden auftun, der unschuldigem Leid begegnet. Vielleicht haben sie – ähnlich den Jüngern Jesu – im Glauben an die Allmacht Gottes einen schlichten, aber wirksamen Trost in Zeiten der Bedrängnis gesehen. So wie viele andere nach ihnen. Bis hin zu den Jüdinnen und Juden unter uns, die nach all dem unendlichen Leid, das ihnen zugefügt worden ist, Gott – o Wunder – nicht abgesagt haben. Genügend Gründe, ihren Glauben aufzugeben, hätten sie ja wahrlich. Das Wunder des Glaubens also geradezu als Beweis für die Existenz Gottes? Vom Preußenkönig Friedrich dem Großen wird berichtet, dass er einen seiner Generäle gebeten habe, ihm wenigstens einen Gottesbeweis zu nennen. Die Antwort: „Majestät, die Juden."

Vielleicht will das Bekenntnis zur göttlichen Allmacht auch nur gegen jeglichen *menschlichen* Allmachtwahn ein Bollwerk setzen. Seit Menschengedenken ist ja unsere Welt voll davon. Waren es in alten Zeiten vor allem die gottgleichen Herrschergestalten, die meinten, mit einem gesenkten Daumen über das Schicksal Tausender entscheiden zu können, so sind es heute die vielen Möchtegerngötter in den Chefsesseln und Führungsetagen, den Kommandozentralen und Labors, den Klassenzimmern und Wohnstuben, die sich anschicken, über das Wohl und Wehe anderer unbegrenzt Macht auszuüben. In meiner Jugend schwärmte ich von dem damaligen Schlagerstar Conny Froboess. Eines Tages kam eine neue Platte von ihr auf den

Markt. Darauf machte sie aus dem alten Spiritual „He's got the whole world in His hands“ zur Empörung vieler nun: „Auch du hast dein Schicksal in der Hand“. Im Grunde aber hatte Conny mit dieser Version nur einen Zeitgeist besungen, der sich inzwischen überall breitmacht: „Jeder ist seines Glückes Schmied.“ Wenn du nur willst, kannst du alles erreichen: Gesundheit, Schönheit, Beliebtheit, beruflichen Erfolg. Gegebenenfalls sogar den Aufstieg vom Tellerwäscher bis zum Millionär. In einer Welt der vermeintlich immer unbegrenzteren Möglichkeiten scheint mittlerweile alles denkbar, alles machbar, alles erreichbar. „Auch du hast dein Schicksal in der Hand.“

Fast möchte man sagen: Dieser ganze menschliche Allmachtwahnsinn ist doch alleine schon Grund genug, endlich einmal wieder von der Allmacht *Gottes* zu reden. Denn wer diese bekennt, dem verbietet sich automatisch jede omnipotente Attitüde. Verbietet sich jeder Versuch, sich selber so aufzuführen, als könne er über alles und jedes schrankenlos verfügen. Und sei es sein eigenes Leben. Wir könnten wahrlich etwas mehr von der Demut eines Hiob gebrauchen, der in Anerkennung der Allmacht Gottes am Ende bekennt: „Ich erkenne, dass du alles vermagst. ... Darum habe ich unweise geredet, was mir zu hoch ist und ich nicht verstehe“ (Hiob 42,2f).

Oder sollen wir angesichts des vielen Leids in der Welt auf einen Glauben an die Allmacht Gottes am besten ganz verzichten? Von der einen oder anderen Karfreitagspredigt, die vor allem den „ohnmächtigen“ Gott verkündigt, hat man ja genau diesen Eindruck. Ihr verbleibender Trost: dass der leidende Gott unser Leiden kennt, weil er es am eigenen Leib erfahren hat. Ja, dass er sich im Kreuz Christi mit allen Leidenden dieser Erde geradezu solidarisiert. Wer wollte das bestreiten?

Aber ist ein bloßes Mitwissen, auch eine tiefe Solidarität wirklich mehr als ein allenfalls blasser Trost? Immerhin folgt dem „Wort vom Kreuz", wie Paulus das nennt, die Botschaft von der Auferstehung. Auch sie wahrlich keine wohlfeile Antwort auf das unschuldige Leiden. Wohl aber doch ein unübersehbarer Fingerzeig, dass das Leid nicht das letzte Wort behalten muss. „Tod, wo ist dein Stachel? Hölle, wo ist dein Sieg?" ruft uns der Apostel am Ende zu (1.Korinther 15,55).

Ich wüsste nicht, wie man eindrücklicher von der Allmacht Gottes reden könnte.

V. „DEN SCHÖPFER DES HIMMELS UND DER ERDE“

Von einem alten Konflikt und einer neuen Neugier

1. Eine Konkurrenz, bei der man sich fragt, ob sie nötig ist

Ihren ersten Tag im Lehrerzimmer hatte sich Angelika ein wenig anders vorgestellt. Sicher, der Schulleiter hatte sie mit den üblichen, routiniert freundlichen Worten begrüßt. Auch hatte das neue Kollegium am Ende seiner Rede, so wie man das hier gewohnt war, mit einem kleinen Applaus sein Willkommen für „die Neue“ zum Ausdruck gebracht. Netterweise schenkte ihr der Kollege zur Rechten auch gleich einen Kaffee ein. „Koschnitz. Rüdiger Koschnitz. Mathe, Physik und Bio. Und was machen Sie, wenn ich fragen darf?“ „Franz und Reli.“ „Aha. Wieder jemand, der unseren armen Kindern das alte Sieben-Tage-Märchen auftischen will. Na denn, viel Spaß damit. Bei mir jedenfalls hören die was anderes.“ So sehr Angelika dieser, wie sie fand, ziemlich ignorante Spott auch kränkte, so hatte er doch eins für sich: Die inhaltliche Konkurrenz, die sie zumindest Kollege Koschnitz gegenüber zu erwarten hatte, war schon mal geklärt.

Dass es überhaupt zu solch einer Konkurrenz kommen kann, liegt wohl daran, dass der Glaube mit dem Satz „Ich glaube an Gott, den Schöpfer des Himmels und der Erde" ein Feld zu betreten scheint, das längst jemand anderes für sich beansprucht: die Naturwissenschaft. Ihr Gebiet ist nun einmal seit alters die ganze wahrnehmbare Welt – vom entferntesten Sonnensystem bis zum kleinsten Atom. Und genau dieses umfassende Feld hat offenbar auch das Glaubensbekenntnis mit der Erwähnung von Himmel und Erde im Blick. Auffallend ist zunächst, dass beide Seiten für dasselbe Feld zwei unterschiedliche Namen verwenden. Was die Naturwissenschaft eben „Natur" nennt und damit die ganze unbelebte und belebte Materie meint, das nennt der Glaube „Schöpfung". Dasselbe Feld – aber zwei unterschiedliche Namen. Man fragt sich: warum das?

Vermutlich liegt es an der Art und Weise, *wie* beide Seiten jeweils auf dieses gemeinsame Feld blicken. Die ist in der Tat sehr unterschiedlich. Während nämlich die Naturwissenschaft auf dieses Feld mit einem sogenannten „methodischen Atheismus" blickt, also unter der Annahme, dass es Gott nicht gibt, blickt der Glaube auf dasselbe Feld unter der gegenteiligen Annahme, nämlich dass sich unsere Welt einem Ursprung verdankt, der außerhalb ihrer selbst liegt, und den sie „Gott" nennt. Und während sich die Naturwissenschaft in ihrer Arbeit auf das beschränkt, was sozusagen „vor Augen ist", also auf das, was sie mit ihren menschlichen Sinnen oder auch technischen Möglichkeiten feststellen, messen und dokumentieren kann, meint der Glaube in und hinter der bloßen Natur noch etwas anderes wahrzunehmen: einen Willen, der nicht von dieser Welt ist. Deshalb spricht der Glaube nicht von „Natur", sondern von „Schöpfung". Dasselbe Feld – nicht nur unterschiedliche Namen, sondern auch unterschiedliche Sichtweisen. Da wittert man rasch Konkurrenzgehabe. Das ist nicht ungewöhnlich. Man kennt es etwa vom Fußball. Sobald zwei verschiedene Mannschaften ein und dasselbe Feld betreten, ist es meist rasch mit der Freundschaft vorbei. Manchmal selbst im Lehrerzimmer.

Die Konkurrenz zwischen Naturwissenschaft und Glaube hat eine lange, nicht immer erfreuliche Geschichte. Bis weit in die Neuzeit hinein hat der christliche Glaube jegliche Erkenntnisse über die Welt für sich beansprucht. War mit der biblischen Schöpfungsgeschichte nicht alles gesagt? Und wenn hier und da Einzelne etwas anderes zu behaupten wagten als das, was in der Heiligen Schrift zu lesen war, reagierte die offizielle Kirche in der Regel mit Ablehnung und Ausgrenzung. Notfalls unter Androhung und auch Anwendung von Gewalt. Prominentestes Opfer: Galileo Galilei (1564–1642). Heutzutage begegnet diese Art von christlichem Alleinvertretungsanspruch vor allem bei den in streng evangelikalen Kreisen der USA beheimateten sogenannten „Kreationisten“. Ihrer Überzeugung nach ist die Entstehung der Welt genauso vonstattengegangen, wie man das in der Schöpfungsgeschichte der Bibel beschrieben findet. Die Bibel könne nun einmal nicht irren. Naturwissenschaftliche Erkenntnisse, etwa die Evolutionstheorie eines Charles Darwin, werden rundweg zu Teufelszeug erklärt, welches es mit allen – auch politischen – Mitteln zu bekämpfen gelte. Ende der Durchsage.

Aber auch auf Seiten der Naturwissenschaft ging und geht man mit dem vermeintlichen Konkurrenten Schöpfungsglauben nicht immer zimperlich um. Spätestens mit Einsetzen der Aufklärung und den damit verbundenen immer umfangreicher werdenden naturwissenschaftlichen Erkenntnissen begibt man sich zur Religion zunehmend auf Distanz, überzieht sie mit Spott oder erklärt sie schlankweg zum „Opium des Volkes“ (Karl Marx). Zu Zeiten der DDR wurde jedem jungen Menschen anlässlich der Jugendweihe das Buch „Weltall Erde Mensch“ überreicht. Seine Botschaft: Wissenschaftlich-materialistisches Denken lässt „kein Märchen vom Schöpfer und Lenker der Welt“ zu. Nicht wenige Kinder aus christlichen Elternhäusern wurden deshalb von ihren Lehrern vor der versammelten Klasse der Lächerlichkeit preisgegeben. In den letzten Jahren macht auch in Westeuropa eine neue, z. T. deutlich aggressiv auftretende atheistische Bewegung von sich reden. Ihrzufolge kommt etwa der schulische Religionsunterricht geradezu einer Art geistiger Kindesmisshandlung gleich. Nun, auch auf Fußballplätzen soll es ja mitunter – trotz aller Fairnessschwüre – wie auf Schlachtfeldern zugehen.

Aber bei aller Liebe für einen auch einmal handfesten Meinungsstreit fragt man sich doch, ob ein solches Gegeneinander sachlich überhaupt gerechtfertigt ist. Könnte es nicht sein, dass auch eine Naturwissenschaft, die ohne die „Arbeitshypothese Gott“ arbeitet, und auch ein Schöpfungsglaube, der umgekehrt von der Überzeugung lebt, dass es einen Gott gibt, der die Welt ins Dasein gerufen hat, sich bei aller Verschiedenheit der Sichtweisen am Ende doch etwas zu sagen haben? Für ein solches Gespräch „auf Augenhöhe“ bedarf es allerdings einer bestimmten *Haltung*. Einer Haltung, die auf einem Verzicht auf Vorurteile, auf einer Wertschätzung des Anderen, auf der Bereitschaft zum Hinhören und einem gegenseitigen Interesse beruht. Vielleicht bedarf es auch nur eines schlichten „Neugier genügt“, um den Titel einer Hörfunksendung des WDR zu zitieren.

Eine unabdingbare Voraussetzung ist allerdings auch, dass man sich über die *eigene* Sichtweise einigermaßen im Klaren ist. Wie anders sollte sonst ein ordentliches Gespräch mit anderen zustande kommen? Hier und da hat man indes den Eindruck, als ob hüben wie drüben der eine oder andere Giftpfeil nicht nur in Unkenntnis der anderen, sondern auch der eigenen Position abgeschossen wird. Klärung der eigenen Sichtweise kann für den christlichen Glauben natürlich nur heißen, dass er einmal mehr in Ruhe die Bibel aufschlägt und zu verstehen sucht, was unser Glaubensbekenntnis überhaupt meint, wenn es sich zu Gott als dem „Schöpfer des Himmels und der Erde" bekennt.

2. Aus dem Staunen kaum herauskommen

Dass Gott der Schöpfer des Himmels und der Erde ist, ist zwar nicht das Hauptthema der Bibel, es wird aber auch nicht gerade schamhaft verschwiegen. Die Überzeugung, dass die Welt eben „erschaffen" wurde, kommt eher mit einer gewissen Selbstverständlichkeit daher, die nirgendwo grundsätzlich zur Diskussion steht. Das, was sich Jahrhunderte später bis in unsere Tage hinein immer wieder zu einem schier unauflösbaren Zankapfel entwickelt, bereitet den biblischen Zeugen offenbar kein Kopfzerbrechen. Die Welt mit allem, was darinnen ist, ist ein Werk aus Gottes Hand. Wo, bitteschön, ist das Problem? „Herr, wie sind deine Werke so groß und viel!" (Psalm 104,24) Das ist der unbefangene Grundton der Bibel, wenn es um die Natur geht: um Sonne und Mond, Wolken und Winde, Wasser und Erde, Berge und Täler, Baum und Gras, Löwe und Steinbock, Storch und Klippdachs und nicht zuletzt um den Menschen – alles wie selbstverständlich „deine", also Gottes „Werke".

Zahllose spätere, auch heute noch populäre Lieder des Glaubens haben sich diese unbefangene Sicht der Dinge bewahrt:

> „Was nah ist und was ferne,
> von Gott kommt alles her,
> der Strohhalm und die Sterne,
> der Sperling und das Meer.
> Von ihm sind Büsch und Blätter
> und Korn und Obst von ihm,
> das schöne Frühlingswetter
> und Schnee und Ungestüm.
> Alle gute Gabe
> kommt her von Gott dem Herrn,
> drum dankt ihm, dankt,
> drum dankt ihm, dankt
> und hofft auf ihn!" (Paul Gerhardt, EG 508,3)

Es ist zunächst einmal der Blick auf die *gegenwärtige* Natur. Sie kommt aus Gottes Hand und sie bleibt in Gottes Hand. So formuliert Martin Luther bei seiner Erklärung der Schöpfung: „Ich glaube, das mich Gott geschaffen hat samt allen Kreaturen." In jedem einzelnen Teil der Natur und so auch in mir vollzieht sich ein immer wieder neuer Schöpfungsakt Gottes. Deshalb gerät angesichts der Größe und Vielfalt der Natur der biblische Glaube immer wieder ins *Staunen*: „Herr, wie sind deine Werke so groß und viel! Du hast sie alle weise geordnet." Wohlgemerkt: Sie *sind* nicht einfach irgendwie weise geordnet, sondern „*du* hast sie weise geordnet." Die Herrlichkeit der Schöpfung weist zurück auf die Herrlichkeit ihres Schöpfers. Ja, die Schöpfung *spricht* geradezu von Gott: „Die Himmel erzählen die Ehre Gottes, und die Feste verkündigt seiner Hände Werk" (Psalm 19,2). Deshalb kann, wer die Natur als Schöpfung sieht, schließlich nur in das *Lob* dieses Gottes ausbrechen: „Lobe den Herrn, meine Seele! Herr, mein Gott, du bist sehr herrlich“ (Psalm 104,1).

Aus dem Gedanken, dass bereits an der sichtbaren Natur etwas von dem unsichtbaren Gott erkennbar wird, entwickelt der Apostel Paulus später sogar eine Art „natürliche Theologie“. So wirft er etwa den von ihm sogenannten „Heiden“ vor: „Was man von Gott erkennen kann, ist unter ihnen offenbar. Denn sein unsichtbares Wesen wird seit der Schöpfung der Welt ersehen an seinen Werken, sodass sie keine Entschuldigung haben.“ (Römer 1,19f) Paulus selbst war ja ein durchaus streitbarer Mensch. Er muss sich also nicht beschweren, wenn in der Geschichte der Theologie gerade über diese These immer wieder heftig gestritten wurde. Man könnte – neben mancherlei anderen Einwänden – z. B. fragen, warum es angesichts eines vermeintlich so eindeutigen „natürlichen“ Gotteshinweises überhaupt noch so viele Gottesleugner auf der Welt gibt. Man könnte auch fragen, wenn Gotteserkenntnis so einfach geht, dass ich nur durch Wald und Feld streifen muss, wozu es dann noch Jesus Christus braucht, ohne den – folgen wir dem Johannesevangelium – „niemand zum Vater kommt“ (Johannes 14,6). Doch damit sind wir schon in einer anderen Diskussion.

Der biblische Schöpfungsglaube staunt aber nicht nur über die Herrlichkeit der Natur, er staunt vor allem darüber, dass der Mensch – etwa angesichts der Unermesslichkeit des Sternenhimmels – von Gott überhaupt beachtet, ja mehr noch: als sein Kind angenommen wird: „Wenn ich sehe die Himmel, deiner Finger Werk, den Mond und die Sterne, die du bereitet hast: was ist der Mensch, dass du seiner gedenkst, und des Menschen Kind, dass du dich seiner annimmst?“ (Psalm 8,4f) Aus solchen Worten klingt nicht nur ein Staunen, sondern auch eine gewisse *Demut*. Wer bin ich, das kleine Geschöpf, eigentlich, dass ich angesichts der unermesslichen Größe und Vielfalt der Natur überhaupt noch Beachtung finde?

Für den biblischen Glauben ist aber die Schöpfung vor allem ein sichtbares Zeichen für die unbedingte *Zuwendung* Gottes zu seinen Geschöpfen. Alles, was aus Gottes Hand kommt, kommt eben seinen Geschöpfen *zugute*: „Die Erde ist voll deiner Güter", heißt es. Und: „Es wartet alles auf dich, dass du ihnen Speise gebest zu seiner Zeit. Wenn du deine Hand auftust, so werden sie mit Gutem gesättigt." (Psalm 104,24; 27f) Das Volk Israel, das in seinem Glauben ja immer wieder von der grundlegenden Erfahrung der Errettung durch Gott herkommt (vgl. 2.Mose 20,2), sieht nun in der Schöpfung nicht einen Beweis, wohl aber ein *Gleichnis* für die unfassbare Güte Gottes: „Herr, deine Güte reicht, so weit der Himmel ist, und deine Wahrheit, so weit die Wolken gehen." (Psalm 36,6) Und: „So fern der Morgen ist vom Abend, lässt er unsre Übertretungen von uns sein." (Psalm 103,12) Welch grandiose, fein durchdachte theologische Botschaft! Unbefangen vielleicht, aber ganz und gar nicht naiv.

Das zeigt sich dann auch an den Aussagen der Bibel, in denen die Frage nach dem *Anfang* der Welt in den Blick genommen wird. Es sind dies vor allem die beiden Schöpfungsberichte in 1.Mose 1 und 2. Wohl erwecken sie vordergründig den Anschein einer naturkundlichen Erklärung der Weltentstehung, wenn es etwa gleich zu Beginn heißt: „Am Anfang schuf Gott Himmel und Erde" (1.Mose 1,1). Dabei meint „Himmel und Erde" im damaligen Sprachgebrauch das Weltganze, das, was wir heute „Universum" nennen. Bei näherem Zusehen erweisen sich allerdings auch diese Erzählungen als weitere Entfaltungen jener einen biblischen Grundbotschaft: „Gott liebt diese Welt" – um es mit einem bekannten Kirchenlied zu sagen. Der Glaube Israels, der von der Erfahrung der Errettung aus Todesnot herkommt, erkennt nun auch im Nachdenken über den Ursprung der Natur dieselbe gütige Zuwendung, dasselbe grundsätzliche Ja Gottes zum Leben.

Wofür sonst wird in diesen Erzählungen das finstere Chaos (hebräisch: „tohuwabohu", deutsch: „wüst und leer") überhaupt in eine geordnete, ja „paradiesische" Schöpfung verwandelt? Wofür sonst werden etwa die Gestirne, die in der damaligen Welt vielfach als Götter verehrt wurden, als bloße „Lichter" (hebräisch: „Lampen" bzw. „Funzeln") geradezu entzaubert und damit ihrer schicksalhaften und angsteinflößenden Macht beraubt? Wofür sonst die unvergleichliche Ehrung des Menschen als Gottes „Bild" (1,27), also als sein Gegenüber? Wofür sonst auch das heilsame Eingebundensein des Menschen in das Ganze der Schöpfung, versinnbildlicht etwa im sechsten Schöpfungstag, den sich der Mensch mit anderen Geschöpfen zu teilen hat: mit Vieh, Wild und – man höre! – Gewürm? Wozu die Schaffung menschlichen Miteinanders? Eben, weil es „nicht gut ist, dass der Mensch allein sei" (2,18). Wozu seine Würdigung, „sich die Erde untertan zu machen" (1,28), womit keine zerstörerische Ausbeutung, sondern ein fürsorglicher Umgang, also ein „Bebauen und Bewahren" (2,15) gemeint ist? Wozu nicht zuletzt die Gewährung einer regelmäßigen Ruhe, eines Loslassendürfens der täglichen Mühsal? Nichts von alledem hat etwas mit einer naturkundlichen Welterklärung zu tun. Alles atmet vielmehr das Wissen um einen gütig zugewandten Gott. „Und siehe, es war sehr gut", heißt es am Ende (1,31).

Gewiss kann man einwenden, dass es sich bei beiden Schöpfungsberichten doch immerhin, zumindest was den äußeren Erzählgang angeht, um eine Art „naturwissenschaftliche“ Erklärung der Weltentstehung handelt. Bei aller Liebe zu frommen Botschaften: Müsste man nicht ehrlicherweise zugeben, dass die biblischen Autoren – sicher aus ihrer damaligen Sicht heraus – auch etwas Naturkundliches über die Entstehung der Welt sagen wollten? Ja, vielleicht wollten sie auch das. Dass aber ihre eigentliche Absicht nicht vorrangig oder gar ausschließlich naturkundlicher Art ist, ersieht man bereits aus der Tatsache, dass wir überhaupt zwei verschiedene Berichte über den Anfang der Welt vorliegen haben. Sie sind nicht nur sehr verschieden, in manchem widersprechen sie sich sogar. Blanke Widersprüche aber sind für jede Wissenschaft reines Gift. Wir dürfen die biblischen Zeugen nicht für so dumm halten, dass ihnen das nicht aufgefallen sein konnte. Wäre ihnen also vor allem an einer schlüssigen Welterklärung gelegen gewesen, so wäre es ja für sie ein Leichtes gewesen, beide Berichte inhaltlich einander anzugleichen, um wenigstens einigermaßen glaubwürdig dazustehen. Sie haben es bekanntlich *nicht* getan. Offensichtlich war ihre Absicht eine andere.

Das Ineinander von naturkundlicher Erklärung einerseits und theologischer Botschaft andererseits hängt damit zusammen, dass der antike Mensch generell noch nicht, so wie wir es gewohnt sind, zwischen diesen verschiedenen Ebenen zu unterscheiden wusste. Priester etwa waren gleichzeitig die wissenschaftlichen Gelehrten ihrer Zeit und umgekehrt. Das schlägt sich mitunter auch in den biblischen Texten nieder und macht es für uns im Nachhinein nicht immer ganz einfach, die Dinge sozusagen „auseinanderzuklamüsern“, wie man am Niederrhein sagt. Aber ohne diese Mühe laufen wir Gefahr, die Schöpfungsberichte gründlich misszuverstehen. Im Übrigen wird uns ein solches „Auseinanderklamüsern“ ja auch bei etlichen anderen biblischen Texten zugemutet. Oder sollten wir etwa die bäuerlich-patriarchalen Verhältnisse des 8. Jahrhunderts v. Chr. wieder einführen, in die hinein z. B. die Zehn Gebote gesprochen sind? Mit Recht tun wir es nicht. Mit Recht fordern wir auch nicht etwa die Wiedereinführung der Sklaverei, obwohl der Apostel Paulus diese als solche nirgendwo in Frage stellt. Deshalb fragen wir eben auch bei den biblischen Schöpfungserzählungen – gewissermaßen durch ihre zeitbedingten, quasi-naturwissenschaftlichen Hüllen hindurch – nach ihrer eigentlichen und so auch für uns bedeutsam bleibenden Intention. Täten wir es nicht, könnten wir die Bibel als ein allenfalls noch historisch interessantes Buch gleich zugeschlagen lassen.

„Und siehe, es war sehr gut.“ Dieses abschließende Urteil Gottes über sein eigenes Werk bleibt zunächst einmal der Hauptsatz, wenn es um das Thema „Schöpfung“ geht. Aber eben: „Es *war* sehr gut.“ Im großen Bogen der biblischen Gesamterzählung bekommt die ursprünglich gute Schöpfung mit dem sogenannten „Sündenfall“ (vgl. 1.Mose 3) einen empfindlichen Riss. Mit einem Mal ist nichts mehr so, wie es war. Der Mensch muss das Paradies verlassen und forthin unter Mühsal sein Leben fristen. Wenig später kommt es bereits zu Mord und Totschlag (vgl. 1.Mose 4). Seither reißt die blutige Spur der Gewalt nicht mehr ab – bis heute. Es ist immer wieder ernüchternd zu sehen, mit welch einer fast brutalen Wahrhaftigkeit die Bibel sich auch den dunklen Seiten des Lebens stellt. Mangelnden Realitätssinn wird man ihr jedenfalls nicht vorwerfen können. Die Welt, so wie sie jetzt ist, ist eben *keine* heile, *keine* rundum „gute“ mehr. Sie ist eine zerrissene. Und sie ist deshalb eine *vergehende*: „Du hast vorzeiten die Erde gegründet und die Himmel sind deiner Hände Werk. Sie werden vergehen." (Psalm 102,26f) Die Welt ist vergänglich und so auch mein kleines Leben darin. Es ist nicht mehr als „ein Gras, das am Morgen noch blüht und sprosst und des Abends welkt und verdorrt" (Psalm 90,6). Das ist biblische Nüchternheit. Sie allein täte uns schon gut.

Das Urteil der Vergänglichkeit ist aber gleichzeitig nicht das letzte Wort über die Schöpfung. Bereits der Psalmbeter fügt der Klage über die Vergänglichkeit immer wieder ein „du aber bleibst" (Psalm 102,27) oder ein „die Gnade aber des Herrn währt von Ewigkeit zu Ewigkeit" (Psalm 103,17) hinzu. „Himmel und Erde werden vergehen, aber meine Worte werden nicht vergehen", sagt Jesus (Matthäus 24,35). Das ist allerdings ein anderer, ein neuer Ton. Er richtet den Blick noch einmal vehement fort von einer bedrückenden Gegenwart auf eine noch ausstehende *Zukunft*. Der biblische Glaube an Gott, den Schöpfer, blickt also nicht nur auf die gegenwärtige Natur und dann auch auf den Anfang allen Seins. Er blickt, weil er um die gütige Zuwendung Gottes weiß, gleichzeitig voller Zuversicht auch nach vorne, auf das *Ende* der Welt.

Bereits im Alten Testament ist von der Aussicht auf eine völlige *Neu*schöpfung am Ende aller Tage die Rede: „Siehe, ich will einen neuen Himmel und eine neue Erde schaffen, dass man der vorigen nicht mehr gedenken und sie nicht mehr zu Herzen nehmen wird" (Jesaja 65,17). Das Neue dieser Neuschöpfung besteht darin, dass die alte, die gebrochene Schöpfung wieder *versöhnt* wird: „Da wird der Wolf beim Lamm wohnen und der Panther beim Böcklein lagern. Kalb und Löwe werden miteinander grasen, und ein kleiner Knabe wird sie leiten" (Jesaja 11,6). Ja, es besteht die Aussicht, dass die alten Risse geschlossen, die alten Wunden geheilt, die alten Feindschaften begraben werden: „Es wird kein Volk wider das andere das Schwert erheben, und sie werden hinfort nicht mehr lernen, Krieg zu führen“ (Micha 4,3).

Das Neue Testament greift diese Botschaft vom Vergehen der alten und der Schöpfung einer neuen Welt noch einmal in einer großartigen Vision auf: „Ich sah einen neuen Himmel und eine neue Erde; denn der erste Himmel und die erste Erde sind vergangen. ... Und Gott wird abwischen alle Tränen von ihren Augen, und der Tod wird nicht mehr sein, noch Leid noch Geschrei noch Schmerz wird mehr sein; denn das Erste ist vergangen.“ (Offenbarung 21,1.4) Paulus ist dann so verwegen zu behaupten, dass man an dieser verheißenen neuen Schöpfung Gottes bereits jetzt Anteil bekommen kann. Gewissermaßen als eine Art „Anzahlung“ auf das, was in Gänze noch aussteht. Denn wer an Jesus Christus glaubt, der ist schon jetzt ein „neues Geschöpf“ (2.Korinther 5,17). Zwar stöhnt und ächzt die gegenwärtige, die alte Schöpfung immer wieder unter ihrer Zerrissenheit und Vergänglichkeit. Aber überall dort, wo in ihr schon jetzt etwas Neues, etwas grundlegend anderes geschieht, wo „weder Jude noch Grieche, weder Sklave noch Freier, weder Mann noch Frau ist“ (Galater 3,28), überall dort, wo, kurz gesagt, die *Liebe* regiert, da scheint – o Wunder – bereits jetzt etwas von der neuen, der noch ausstehenden Schöpfung Gottes auf.

Es mag sein, dass das Thema „Schöpfung“ nicht auf jeder Seite der Bibel zur Debatte steht. Wo man aber etwas darüber zu lesen bekommt, kommt man aus dem Staunen meist kaum noch heraus.

3. Eine andere Gewissheit

Schöpfung oder Evolution. Glaube oder Naturwissenschaft. Man fragt sich: Ist dieses „Oder" eigentlich zwingend, so dass es hier notwendig zu Konkurrenz und Konflikt und damit am Ende womöglich zu Feindschaft und gegenseitiger Ausgrenzung kommen muss? Oder wäre hier vielleicht auch ein *„Und"* denkbar? Ein „Und", das freilich mehr wäre als friedliche Toleranz oder gar nur gegenseitige Gleichgültigkeit. Vielmehr ein „Und", das ein gewisses *Interesse* aneinander hätte und deshalb dann auch bereit wäre, miteinander in einen *Dialog* zu treten, in ein für beide Seiten gewinnbringendes Gespräch. Das geht natürlich nur, wenn jede Seite sich über ihre eigene Sicht der Dinge im Klaren ist. Die Sichtweise des *Glaubens* ist uns an den einschlägigen biblischen Aussagen zum Thema einigermaßen deutlich geworden. Aber wie blickt die *Naturwissenschaft* auf dasselbe Thema, also auf ihren namentlichen Gegenstand, eben die Natur, die belebte und die unbelebte Materie?

Wenn wir von „der" Naturwissenschaft sprechen, so ist das allerdings bereits eine geradezu fahrlässige Vereinfachung. Seit Menschen die Natur und ihre Gesetze zu ergründen suchen, haben sich ihre Erkenntnisse immer wieder erheblich verändert und tun es offenbar weiterhin. Man denke nur daran, wie sich im Laufe der Zeit allein die Sicht unserer Erde mehrfach radikal gewandelt hat. War man – weil ja mit dem bloßen Auge zunächst einmal tatsächlich nichts anderes wahrzunehmen ist – lange der Meinung, dass die Erde eine Scheibe sei, so sah man sie nach Entdeckung ihrer Kugelhaftigkeit wenigstens als Mittelpunkt an, um den sich alles, also auch die Sonne, drehte. Dann stellte man fest, dass nicht die Sonne sich um die Erde, sondern die Erde sich um die Sonne dreht. Und nicht erst seit gestern geht man davon aus, dass die Sonne überhaupt nur eine von Milliarden Sonnen ist, die zusammen ein ganzes System bilden, das wir „Milchstraße" nennen. Ja, mehr noch: dass es womöglich noch weitere Milliarden solcher Sonnensysteme gibt, innerhalb derer sich irgendwo auch unsere Erde befindet. Und dass sich alles in rasender, nämlich in Lichtgeschwindigkeit ständig weiter ausdehnt und vermehrt. Angesichts dessen von der Erde auch nur als einem „Staubkorn" zu reden, grenzt fast schon an Größenwahn.

Auch das *Selbstverständnis* der Naturwissenschaft unterliegt offenbar einem steten Wandel. Nach ihrer neuzeitlichen Emanzipation von den Vorgaben der Kirche war man zunächst der Meinung, dass man die Natur und ihre Gesetze ohne die „Arbeitshypothese Gott", allein mit Hilfe der Vernunft wahrnehmen, messen und dokumentieren könne. Sich selbst verstand die Naturwissenschaft also als jemanden, der der Natur gewissermaßen gegenübersteht, sie von außen betrachtet und zu erkennen sucht. Hier das Subjekt der Erkenntnis, die Naturwissenschaft, dort ihr Objekt, die Natur. Vor allem im 19. Jahrhundert war man weithin der Überzeugung, auf diese Weise die vermeintlichen „Welträtsel" in Kürze vollständig lösen zu können. Im Jahr 1900 etwa schloss das preußische Patentamt seine Tore mit der Begründung, dass es alles, was erkennbar und machbar sei, im Prinzip schon gäbe.

Mit Beginn des 20. Jahrhunderts ändert sich das Selbstverständnis der Naturwissenschaft allerdings noch einmal radikal. Angesichts der physikalischen Erkenntnisse etwa eines Max Planck oder eines Albert Einstein behauptet heutzutage kaum noch jemand, die Natur sozusagen „objektiv" erfassen zu können. Der Naturwissenschaftler ist ja selber ein Bestandteil der Natur. Insofern ist es ihm gar nicht möglich, der Natur vermeintlich neutral gegenüberzutreten. Seither spricht man nicht mehr von naturwissenschaftlichen „Wahrheiten“, sondern von bloßen „Modellen“, an denen eine bestimmte Hypothese allenfalls veranschaulicht werden soll. Originalton Werner Heisenberg: „Die mathematischen Formeln bilden nicht mehr die Natur, sondern unsere Kenntnis von der Natur ab.“ Es ist also ein Unterschied, ob ich über die Natur eine Aussage mache oder nur über das, was ich über sie zu wissen meine. „Wir wissen nicht, sondern wir raten“, soll der Philosoph Karl Popper in dem Zusammenhang einmal gesagt haben.

Diese Erschütterung des naturwissenschaftlichen Selbstverständnisses ist aus Sicht des Glaubens wahrhaftig kein Anlass zu hämischem Triumphgeheul. Schon in der Bibel wird ja unser Besserwissen ordentlich in die Schranken gewiesen: „Wo warst du, als ich die Erde gründete? Sage mir's, wenn du so klug bist!“, heißt es aus dem Munde Gottes (Hiob 38,4). Seither sind auch unsere theologischen Erkenntnisse immer wieder kräftig durchgerüttelt worden. Man denke nur etwa an die bahnbrechenden Entdeckungen der Reformation oder an die umstürzenden Ergebnisse der sogenannten „historisch-kritischen Forschung“. Die jeweiligen Erkenntnisse der Naturwissenschaft *und* der Theologie sind offenbar nicht für alle Ewigkeit in Stein gemeißelt. Das nimmt zunächst einmal ein wenig Dampf aus dem Kessel eines hitzigen und übereilten Gegeneinanders. Es geht um die schlichte Einsicht, dass es – mit Shakespeares Hamlet gesprochen – „mehr Ding' im Himmel und auf Erden gibt, als eure (naturwissenschaftliche oder theologische) Schulweisheit sich träumt“. Solch beidseitige Einsicht ist vielleicht eine gar nicht so schlechte Ausgangsposition für ein – leider lange vernachlässigtes – neues Gespräch. Oder sogar eine neue Neugier.

Vielleicht wäre dann ja auch zwischen Herrn Koschnitz (wir erinnern uns: „Mathe, Physik und Bio") und Angelika („Franz und Reli") noch etwas anderes möglich als eine Tasse Kaffee nebst einer spöttischen Bemerkung. Vielleicht könnten sie mit einer anderen, einer offeneren Haltung zunächst einmal hören, was der andere von sich aus zu sagen hat. So könnte Angelika von Herrn Koschnitz manch Interessantes darüber erfahren, wie man z. B. darauf gekommen ist, dass der sogenannte „Urknall" vor etwa 13,82 Milliarden Jahren stattgefunden haben soll. Wie man sich die Entstehung der Erde vor 4,5 Milliarden Jahren vorzustellen habe. Was die Biologie, also die „Lehre vom Leben", über dessen Entstehung zu sagen hat oder nach welchen Gesetzen sich ihren Erkenntnissen zufolge die Evolution abspielt. Er könnte Angelika auch einmal durch eines seiner vielen Mikroskope schauen lassen, um sie an der faszinierenden Wunderwelt auch nur des Flügels einer Fliege oder eines einfachen Bergkristalls teilhaben zu lassen. Gerade wenn Angelika aus Sicht des Glaubens die Natur als Schöpfung ansieht und deren Größe und Vielfalt auch als ein Zeichen der Herrlichkeit Gottes begreift, müsste sie doch geradezu ein Eigeninteresse daran haben, hier von Seiten der Naturwissenschaft Genaueres in Erfahrung zu bringen.

Und so könnte in diesem Austausch vielleicht auch Herr Koschnitz etwas erfahren, das so in seinen naturwissenschaftlichen Erkenntnissen gar nicht vorkommt. Etwa die alte Frage nach einem „Warum" des Ganzen, also nach einem Sinn des Universums und des Lebens. Oder die Frage nach Werten, die bei der Verwendung naturwissenschaftlicher Erkenntnisse zu gelten haben. Er würde von daher vielleicht noch einmal selbstkritisch die häufig anzutreffende These überprüfen, ob die Naturwissenschaft überhaupt grundsätzlich „wertneutral" sein kann. Dabei könnte er sich daran erinnern, dass mit Hilfe einer angeblich neutralen Naturwissenschaft nicht nur Brücken konstruiert und Krankheiten geheilt, sondern auch Atombomben gebaut und schädliche Pestizide produziert werden können. Er könnte der Frage begegnen, wie wir – gerade mit Hilfe der Naturwissenschaft – mit Menschen, mit Tieren und Pflanzen, mit Wasser, Boden, Luft und Klima verantwortlich umzugehen haben. Er würde im Gespräch mit Angelika sicher auch manche Antworten zu hören bekommen, die ihm fremd erscheinen. Aber das könnte ja auch er als eine Erweiterung seines Horizonts empfinden.

Wer sich zu Gott als dem „Schöpfer des Himmels und der Erde" bekennt, hat keinen Anlass, die Erkenntnisse der Naturwissenschaft links liegen zu lassen oder gar zu fürchten. Sie sind für den Glauben grundsätzlich keine Konkurrenz. Dasselbe Feld, die Natur, kann eben unter sehr unterschiedlichen Blickwinkeln betrachtet werden. Wir lesen ja auch etwa Goethes Gedicht vom „Heideröslein" nicht unter dem Gesichtspunkt, was es uns über die Biologie einer Heidepflanze mitteilt. Der Glaube an Gott, den Schöpfer, will keine naturkundliche Welterklärung sein. Er birgt vielmehr mannigfache *andere* Botschaften. Botschaften, die einen nicht nur staunen lassen, sondern auch in die Verantwortung nehmen. In die Verantwortung für die Welt, in der wir nun einmal leben. Warum? Weil dieser Glaube von der Gewissheit durchdrungen ist, dass es da einen Gott gibt, der diese Welt gewollt hat. Der bedingungslos Ja zu ihr sagt, weil er sie liebt. Und der – komme, was da wolle – „das Werk seiner Hände", wie es zu Beginn eines jeden Gottesdienstes heißt, „niemals loslässt".

VI. „UND AN JESUS CHRISTUS“

Die Frage, wer das Sagen hat

1. Nicht uninteressant

Ab und an geht Tobias mit seiner Oma auf den Friedhof. Für einen wissbegierigen Zwölfjährigen kann das ein durchaus interessanter Ort sein, der viele Geheimnisse birgt. Warum z. B. sind auf einigen Gräbern schöne Blumen, während andere ziemlich unordentlich aussehen? Was hat es mit den vielen roten Lämpchen auf sich, von denen ein paar sogar an sind? Warum ist die kleine Theresa dort drüben nur sieben Jahr alt geworden? Und was passiert eigentlich, wenn man tot ist und im Grab liegt? Was ist mit dem Mann, der schon vor über fünfzig Jahren beerdigt wurde? Ob von seinen Knochen noch etwas übrig ist? Wenn auch nicht immer alles, so kann Oma doch das meiste erklären.

Doch heute ist es schon schwieriger. Auf einigen Grabsteinen haben Tobias und Oma nämlich ein paar merkwürdige Buchstaben entdeckt: IHS und ein P mit einem darübergelegten X. Hier ist sogar Oma mit ihrem Latein am Ende. Am Ausgang läuft ihnen glücklicherweise Pfarrer Berkemeier, den Tobias aus dem Konfirmandenunterricht kennt, über den Weg und der wohl gerade von einer Beerdigung kommt. „Ganz einfach", erklärt Berkemeier die geheimnisvollen Buchstaben. „IHS steht für die griechischen Buchstaben J, Ä und S. Das große griechische Ä wird dort nämlich wie unser H geschrieben. Auch sieht das S im griechischen Original etwas anders aus. Und I und J sind sowieso fast das Gleiche. Aber egal. Wenn man nun diese drei Buchstaben zusammenzieht, also zu JÄS, ergibt sich der Anfang des Namens Jesus, der im Griechischen wiederum nicht mit E, sondern mit Ä geschrieben wird." Ganz einfach? Ganz schön kompliziert, findet Tobias. Aber nicht uninteressant.

Und was ist mit P und X, die so komisch übereinanderliegen? „Das sind ebenfalls zwei griechische Buchstaben", erläutert Pfarrer Berkemeier. X entspricht unserem CH und P unserem R. Macht zusammen CHR. Die Abkürzung von ..." Tobias schaltet rasch: „Christus". Aber warum diese Abkürzungen? „Das kann verschiedene Gründe haben", sagt Berkemeier. „Manchmal ist es vielleicht nur reine Bequemlichkeit." „Das kenne ich von Herrn Neumann, unserem Mathelehrer. Der schreibt unter die Klassenarbeiten meist auch nicht mehr als ein ‚Ne'." „So in etwa. Aber die Abkürzungen können auch einen anderen, ernsteren Grund haben. Es gab Zeiten, in denen mussten sich Christen wegen ihres Glaubens verstecken. Damit sie wenigstens untereinander kenntlich blieben, verwendeten sie gelegentlich geheime Symbole wie etwa den Fisch oder eben auch solche Abkürzungen." Sich wegen seines Glaubens verstecken? Die Sache wird für Tobias immer rätselhafter. „Ich muss los", lässt nun aber Pfarrer Berkemeier wissen. Vielleicht nächsten Dienstag mehr."

Oma hat übrigens auch noch etwas zum Thema beizutragen. „Ich finde, beide Abkürzungen gehören zusammen. Dann ergibt sich nämlich ganz einfach: Jesus Christus. So wie wir das aus dem Glaubensbekenntnis kennen." „Stimmt", sagt Tobias. „Das nehmen wir gerade im Unterricht durch: Ich glaube an Jesus Christus." „Und was hat euch der Pfarrer dazu beigebracht?" „Ach, es ging damit los, dass er uns einen ganzen Haufen von Jesusbildern gezeigt hat, die er wohl aus dem Internet geklaut hatte." „Jesusbilder?" „Ja. Jesus mit Schafen, Jesus mit Kindern, Jesus mit Heiligenschein, Jesus mit Gasmaske, Jesus am Kreuz, Jesus als Denkmal auf einem Berg in Rio de Jainero, Jesus als Rockstar, Jesus als Comic-Figur. Wir konnten uns einen aussuchen." Pfarrer Berkemeier ist wegen seiner modernen Unterrichtsmethoden bekannt. Leute wie Tobias finden das cool. Oma ist da etwas zurückhaltender. „Verstehe ich nicht ganz", entgegnet sie. „Wenn wir seinerzeit etwas von Jesus Christus wissen wollten, haben wir mit Pastor Holthaus einfach die Bibel aufgeschlagen."

Bei allem Respekt vor neueren Methoden – vielleicht ist das in diesem Fall gar nicht so verkehrt.

2. Keine Homestory

Die biblische Geschichte des Menschen Jesus von Nazareth ist relativ rasch erzählt, zumal sie auf den ersten Blick auch nicht besonders viele Besonderheiten enthält. Ihre Eckdaten finden wir in den vier Evangelien des Neuen Testaments. Einige dieser Daten werden von ein paar Historikern der damaligen Zeit – wie etwa Josephus Flavius, Tacitus oder Sueton – bestätigt. Diese Geschichte geht in knappen Worten etwa so:

Irgendwann um das Jahr 0 herum kommt in Bethlehem ein Knabe zur Welt. Die beiden Eltern, Maria und Josef, ein Zimmermann, geben ihm den hebräischen Namen „Jesus", zu Deutsch: „Gott rettet". Nicht außergewöhnlich. So oder ähnlich heißen seinerzeit manche in Israel. Auch in Deutschland gab es Zeiten, in denen Namen wie „Gotthilf" oder „Traugott" in bestimmten Kreisen durchaus gebräuchlich waren. Eigentlich kommt die Familie aus Nazareth. Ein Steuererlass des römischen Kaisers Augustus macht indes eine Reise nach Bethlehem, dem Stammgebiet des Vaters, notwendig. Dort kommt es zur Geburt unter unsäglichen hygienischen Bedingungen, später aus politischen Gründen zur Flucht in ein fremdes Land. Abermillionen Menschen, zumal Kinder, erleiden bis heute tagtäglich genau das. Dann hören wir erst einmal lange nichts von Jesus. Mit zwölf Jahren macht er seinen Eltern kurzzeitig Ärger. Welcher Pubertierende täte das nicht? Erst viele Jahre später, er wird inzwischen wohl um die 30 Jahre alt sein, hören wir wieder Genaueres von ihm. Nach seiner Taufe im Jordan schart er alsbald eine Gruppe von Anhängern um sich und zieht mit ihnen als eine Art Wanderprediger durch die Lande. Auch von solchen Leuten gibt es seinerzeit nicht eben wenige. Dabei hält „der Nazarener", wie er gelegentlich genannt wird, nicht nur lange Reden, sondern vollbringt auch mancherlei Taten, die viele als Wunder empfinden. Aber auch hierin ist er nicht der Einzige. Immer wieder machen ja – damals wie heute – sogenannte „Wunderheiler" von sich reden. Die religiösen und politischen Machthaber seiner Zeit sehen in ihm allerdings vor allem einen Störenfried. Bald kommt es zu einem tödlichen Prozess. Ein Schicksal, das Jesus mit zahllosen Unbequemen dieser Welt teilt. Später heißt es von ihm: Er ist auferstanden, er lebt. Auch das kennt man. Im Sommer 1977, ein paar Wochen nach dem Tod des berühmten Rockstars, pinselt jemand an eine Mauer: „Elvis lebt".

Was an den Berichten über das Leben Jesu allerdings auffällt und man im Vergleich zu Berichten über das Leben anderer „Promis" vielleicht sogar vermissen mag, ist das fast völlige Fehlen von Privatinformationen. Seine Freizeitbeschäftigung? Sein Lieblingsessen? Seine sexuelle Orientierung? Fehlanzeige. Was er in den erwähnten Zwischenzeiten so getrieben hat, ob er sich z. B. als Sohn und vermutlich dann auch als Lehrling eines Zimmermanns geschickt angestellt hat, ob er Humor besaß oder eher der Schwermut zuneigte – wir erfahren es nicht. Nur hier und da lesen wir davon, dass er auch zornig sein kann, einmal sogar weint und in einer für ihn extrem bedrohlichen Situation – wer könnte das nicht nachvollziehen? – auch richtig Angst hat. Aber das war es dann auch schon. Ansonsten: kein Interview, keine Homestory, kein Blick durchs Schlüsselloch, kein gar nichts. Zumindest was das Persönliche der Person Jesu angeht. Was später in Dutzenden von Jesus-Romanen, Jesus-Filmen, Jesus-Dramen oder Jesus-Musicals unter Zuhilfenahme von viel Fantasie ausgewalzt wird – die Evangelisten interessiert es schlicht nicht. Von einem Apostel Paulus ganz zu schweigen. Woran liegt das?

Es liegt offensichtlich daran, dass Jesus für die biblischen Zeugen etwas anderes ist als eine interessante Persönlichkeit. Auf die Frage, wer er sei, antwortet Petrus: „Du bist Christus." (Matthäus 16,16) Damit sind wir bei seinem zweiten Namen: „Christus". Christus ist aber eigentlich kein Name, auch nicht, wie manchmal vermutet, der Nachname Jesu, sondern mehr ein Titel. Das Wort geht zurück auf das griechische Wort „christos", was wiederum eine Übersetzung des hebräischen Wortes „maschiach" ist, aus dem schließlich unser deutsches Wort „Messias" hervorgegangen ist. „Maschiach" bedeutet: der „Gesalbte". Gemeint ist damit seit alters der König. Einige Geschichten – nicht nur des Alten Testaments – bezeugen, dass ein solcher in der Regel durch eine rituelle Salbung ins Amt gehoben wurde (vgl. z. B. 1.Samuel 10,1; 16,13). Zur Zeit Jesu hat sich die Rede von einem Messias allerdings zu einem politischen Hoffnungsbegriff hochgeschaukelt. Überall im Lande herrscht die Erwartung eines neuen „Gesalbten", eines Königs, der nach Art des legendären Königs David die gegenwärtige römische Herrschaft mit Macht beenden wird. Ausgelöst durch seine Wundertaten richtet sich diese Erwartungshaltung nun auch auf Jesus: „Bist du es, der da kommen soll", so etwa Johannes der Täufer, „oder sollen wir auf einen andern warten?" (Matthäus 11,3)

Nach Aussage der Evangelien hat sich Jesus selbst in der Tat als den Erwarteten gesehen. Während seines Prozesses antwortet er auf die Frage des Hohepriesters: „Bist du der Christus?" mit einem unmissverständlichen „Ich bin's." (Markus 14,61f) Ähnlich auf die Frage des römischen Statthalters Pilatus, ob er der König der Juden sei: „Du sagst es." (Markus 15,2) Folgerichtig ist wenig später über seinem Kreuz zu lesen: „Jesus von Nazareth, König der Juden" (lateinisch: „Iesus Nazarenus Rex Iudaeorum", abgekürzt: INRI). Aber auch ohne diese wörtlichen Selbstbezeugungen leuchtet bereits an der ganzen Art seines Redens und Wirkens etwas überaus Königliches, Herrscherliches, eben Messiasmäßiges auf. Seine vollmächtige Predigt, die immer wieder Menschen erschüttert, sein souveräner Umgang mit der Tradition, seine unerschrockene Haltung gegenüber den religiösen und politischen Autoritäten – die Anfrage Johannes des Täufers kommt jedenfalls nicht von ungefähr.

Mochte „Jesus" noch ein Allerweltsname sein, der Titel „Christus" macht den Mann aus Nazareth zu einem Besonderen, um nicht zu sagen: Einzigartigen, zum Messias, zum König. Freilich zu einem König der anderen Art. Auf die Messiasfrage Johannes des Täufers antwortet er nämlich in Anlehnung an eine alte Jesaja-Weissagung: „Blinde sehen und Lahme gehen, Aussätzige werden rein und Taube hören, Tote stehen auf und Armen wird das Evangelium gepredigt." (Matthäus 11,5; vgl. Jesaja 35,5f) Eine Antwort, die im Grunde Punkt für Punkt sein gesamtes Wirken umschreibt und an der deutlich wird, dass es bei diesem Messias anders zugeht als bei anderen Königen. An die Stelle der üblichen Mechanismen von Herrschaft, Gewalt, Unterdrückung und Ausbeutung treten bei ihm Zuwendung, Heilung, Ermutigung und Hilfe zum Leben. In der Tat: Sein Reich ist „nicht von dieser Welt" (Johannes 18,36). Aber deshalb ist es noch lange kein fernes Jenseits, das mit dieser Welt nichts zu tun hätte. Sein Königtum ist vielmehr darin anders, dass es „mitten in unserem Leben jenseitig" ist, um mit Dietrich Bonhoeffer zu sprechen. Wofür sonst sollte er schon jetzt Blinde sehend und Lahme gehend machen, also genau in „diese Welt" schon jetzt verändernd eingreifen? Und nun zeigt sich, dass auch sein bürgerlicher Name offenbar kein Zufall ist. Jesus: „Gott rettet".

Gott? Bislang war ja eigentlich nur von einem besonderen Menschen die Rede. Gewiss von einem, auf dem nicht nur besondere Erwartungen ruhten, sondern die dieser Mensch dann auch auf seine, eben „andere" Art und Weise erfüllt hat. Aber Gott? Gibt es da in der Geschichte dieses Messias, dieses „anderen" Königs vielleicht noch einen weiteren Hintergrund? „Du bist Christus", hatte Petrus bekannt. Und hinzugefügt: „... des lebendigen Gottes Sohn." Jesus Christus – Gottes Sohn.

Offenbar ist über den Mann aus Nazareth noch nicht alles gesagt.

3. Eine andere Autorität

Über den Menschen Jesus von Nazareth gehen nicht nur die Bilder, sondern auch die Meinungen weit auseinander. Ist er für die einen der empathische Seelsorger, so für die anderen der engagierte Sozialpädagoge. Sehen die einen in ihm den etwas spinnerten Freak in „Jesus-Latschen“, so die anderen den weisen Lehrer, der seiner Zeit durchaus voraus ist. Halten ihn die einen für einen sanftmütigen Friedensstifter, so die anderen geradezu für einen Revolutionär, der auch vor der Anwendung von Gewalt nicht zurückschreckt. Hier der gescheiterte Idealist, dort der Held, dessen unerschrockene Überzeugungskraft die Zeit überdauert. Pfarrer Berkemeier könnte seine Bilder-Revue vermutlich noch eine Weile fortsetzen. Gemeinsam ist den meisten dieser Bilder und Meinungen, dass der Mensch Jesus von Nazareth – quer durch alle Konfessionen, Religionen und auch säkularen Weltanschauungen hindurch – immer noch ein durchaus passables Ansehen genießt.

Aber Menschen, die sich unerschrocken und ohne Rücksicht auf das eigene Ergehen für das Wohl anderer Menschen einsetzen, gibt es manche: Franz von Assisi, Sophie Scholl, Mahatma Gandhi, Martin Luther King, Mutter Teresa, um nur einige zu nennen. Kein Zweifel: Jesus muss sich in diesem illustren Kreis vorbildhafter Menschen keinesfalls verstecken. Selbst das Neue Testament sieht ihn gelegentlich auch als „Vorbild“, etwa wenn wir dazu aufgefordert werden, so wie er „gesinnt“ zu sein (Philipper 2,5) oder gar „seinen Fußtapfen nachzufolgen“ (1.Petrus 2,21).

Doch das „Ich glaube an Jesus Christus“ unseres Glaubensbekenntnisses sagt offensichtlich noch etwas anderes als nur:

„Ich halte Jesus für einen guten Menschen, der für mich neben manchen anderen guten Menschen ein Vorbild ist." Das Glaubensbekenntnis sagt vielmehr: Ich anerkenne Jesus als „Christus", als „Messias", als „Gesalbten", als „König". Ich anerkenne also den *Herrschaftsanspruch,* der in dem Titel „Christus" steckt. Ich anerkenne, dass es im Glauben an diesen Einen um nichts Geringeres als einen Machtwechsel geht. So wie ein König – im Denken der damaligen Zeit – in seinem Reich das unbedingte Sagen hat, so soll es dieser Jesus auch in dieser Welt und in meinem Leben haben. Deshalb: nicht nur *Jesus,* sondern Jesus *Christus.* „Was würde Jesus dazu sagen?" Das war das Leitmotiv Martin Niemöllers, eines der führenden Leute der Bekennenden Kirche im sogenannten „Dritten Reich". Es war im Grunde ein in Frageform gefasstes Bekenntnis zu Jesus als dem Christus, als dem, der das Sagen hat.

„Christus allein" war eine der Parolen der Reformatoren. Sie wussten wohl, weshalb sie dieses Bekenntnis ihrer Zeitgenossenschaft immer wieder mit einer gewissen Penetranz entgegenschleuderten. Es ging hier nicht darum, ob diese oder jene theologische Anschauung, diese oder jene religiöse Überzeugung, diese oder jene Konfession recht hat. Es ging hier um die Frage: Wer hat eigentlich das Sagen – in der Kirche, in meinem Leben, in der Welt? Die Tradition? Die Politik? Die Wirtschaft? Die Werbung? Die öffentliche Meinung? Irgendwelche andere Menschen? Oder am Ende, so wie einem das ja häufig eingeredet wird, „nur ich selbst und sonst niemand"? Wer sich zu Jesus als dem Christus bekennt, anerkennt zunächst einmal eine andere Autorität. Und was daran so anders ist, ersehe ich an den mannigfachen „anderen" Botschaften, die in der Bibel Alten und Neuen Testaments von jener anderen Herrschaft künden.

Wo sonst höre ich denn etwas davon, dass „Schwerter zu Pflugscharen“ und „Spieße zu Sicheln“ gemacht werden und kein Volk „mehr lernen wird, Krieg zu führen“? (Jesaja 11,4) Wo sonst, dass der Feind nicht zu hassen, sondern zu lieben ist? (Matthäus 5,44) Wo sonst, dass „Blinde sehen und Lahme gehen, Tote auferstehen und Armen das Evangelium gepredigt wird“? Wo sonst, dass ich nicht wie üblich um meiner Leistung, meines sozialen Status, meiner Rechtschaffenheit, meines Sympathisch-, Schön-, Gesund-, Erfolgreich-, Humorvoll- oder sonstwie Attraktivseins, sondern schlicht um meiner selbst willen geachtet und geliebt bin? Wo sonst, dass dem völlig Verlorenen und ja: auch hoffnungslos in Schuld Verstrickten überhaupt nachgegangen wird? Und nicht zuletzt: dass der Welt – gegen allen Augenschein – eine in der Tat „andere“ Zukunft, ein „neuer Himmel und eine neue Erde“ verheißen ist? Wo sonst schließlich, dass dieses „Andere“ – vielleicht manchmal sehr unscheinbar oder gar verborgen – bereits jetzt „mitten unter uns“ ist (Lukas 17,21), wenn wir es denn nur wahrnehmen und eben anerkennen wollten.

Nun kann man sagen: Herrschaftsansprüche gibt es ja etliche auf der Welt. Hier und da sind sogar welche darunter, die von sich aus ebenfalls behaupten, „anders“ zu sein. Gelegentlich hat man sogar den Eindruck, dass man das eine oder andere jener „anderen“ biblischen Botschaften so oder ähnlich in der Tat auch schon woanders gehört hat. „Christus allein“? Man kann fragen: Wie kommt die Bibel überhaupt dazu, im Hinblick auf Jesus Christus einen besonderen, ja geradezu alleinigen Herrschaftsanspruch zu erheben? Das Neue Testament hat darauf nur eine Antwort. Und die deutete sich bereits in dem kleinen Bekenntniszusatz des Petrus an: In Jesus Christus begegnet uns nicht nur irgendeiner unter vielen Vorbildern oder gar „Messiassen“. In ihm begegnet uns *Gott selbst.*

Doch damit sind wir schon beim nächsten Teil unseres Glaubensbekenntnisses.

VII. „SEINEN EINGEBORENEN SOHN, UNSERN HERRN“

Ein Geheimnis mit Selbstverpflichtung

1. Wozu manchmal eine mäßige Predigt gut sein kann

„Und an Jesus Christus, seinen eingeborenen Sohn ...“ Es ist nicht das erste Mal, dass Björn an dieser Stelle des Glaubensbekenntnisses für einen Moment hängenbleibt. „Eingeboren“. Ihm fallen die Abenteuerbücher früherer Zeiten ein. Ob in Karl Mays Wildem Westen, im afrikanischen Busch oder in den unergründlichen Weiten der australischen Savanne – unentwegt hatten es die Helden seiner Jugend mit irgendwelchen „Eingeborenen“ zu tun. Später wurde er gewahr, dass das Wort „eingeboren“ längst nicht mehr die Bedingungen einer politischen Korrektheit erfüllt. Der Begriff sei ein typisches Kind des Kolonialismus und damit „historisch belastet“. Man solle stattdessen besser von „indigener Bevölkerung“ oder „Ureinwohnerinnen und Ureinwohnern“ sprechen. Nun also Jesus Christus, der „eingeborene Sohn“. Während Björn noch seinen Grübeleien nachhängt, wird bereits das „Lied vor der Predigt“ angesagt.

Da diese heute nicht dazu angetan ist, ihr wie gebannt zu folgen, stellt Björn fest, dass es nicht nur das Wörtchen „eingeboren" war, das ihn innehalten ließ. Es ging ja um „seinen, also Gottes, eingeborenen Sohn". Wie soll man sich denn das vorstellen? Wo ein Sohn ist, muss es ja logischerweise neben einem Vater wohl auch eine Mutter geben. Eine Mutter Gottes? Aber damit ist ja, wie er von seinem katholischen Freund Alfons weiß, wieder jemand anderes gemeint. Also gibt es da irgendwo eine Frau an Gottes Seite, die aber aus unbekannten Gründen nirgendwo Erwähnung findet? Demnach wäre Gott sozusagen ein alleinerziehender Vater. Ein leichtes Unbehagen verspürend merkt Björn, wie er unversehens ins Kabarettistische abgeglitten ist. Aber halt, da gab es doch in der Antike, so erinnert er sich seines Geschichtsunterrichts, etwa im alten Griechenland oder bei den Germanen, ganze Götterfamilien – Väter, Mütter, Töchter, Söhne. Dazu manche Eifersüchtelei, manche Intrige, mitunter Mord oder Totschlag. Wie es in Familien halt so zugeht. „Ich glaube an Gott ... und an seinen Sohn" – um Himmels willen, was für ein Fass ist denn da aufgemacht?

Da sich die Predigt noch ein Weilchen hinzieht, gönnt sich Björn, noch einem ganz anderen Gedanken nachzugehen. Irgendwann hat er von Achmed, seinem muslimischen Arbeitskollegen, mal so nebenbei den Vorwurf vernommen, dass „ihr Christen ja gar nicht an einen Gott glaubt". Das sei im Islam doch etwas ganz anderes. Da gelte der strenge Monotheismus. „Aber ihr glaubt ja an mehrere Götter: Vater, Sohn und Heiliger Geist. Dazu noch z. T. Maria, die Mutter Gottes." Björn war seinerzeit so baff, dass er im ersten Moment gar nichts erwidern konnte. So hatte er bislang die ganze Geschichte noch gar nicht gesehen. Aber hatte Achmed nicht irgendwo recht? Jedenfalls nimmt sich Björn vor, nicht nur der Sache mit dem

„eingeboren", sondern auch der mit dem „Sohn" noch etwas nachzugehen.

Doch nun wird bereits das nächste Lied angestimmt. Zurück bleibt die eine oder andere Frage. Manchmal kann eben auch eine mäßige Predigt noch für etwas gut sein.

2. „Gott ist im Fleische"

Auf der Suche danach, wie unser Glaubensbekenntnis überhaupt dazu kommt, von Jesus Christus als dem „eingeborenen Sohn Gottes" zu sprechen, schlagen wir wie gewohnt die Bibel auf. Dabei fällt zunächst auf, dass „Sohn Gottes" bei Weitem nicht die einzige Bezeichnung für Christus ist, sondern einem immer wieder auch etliche andere Begriffe über den Weg laufen, etwa „Herr", „Menschensohn", „Prophet", „Knecht Gottes", „Hoher Priester" oder „Lamm". In der Bibelwissenschaft nennt man diese Begriffe „christologische Hoheitstitel". Damit soll deutlich werden, dass es sich nicht um Namen im eigentlichen Sinne handelt, sondern eben um eine Art Titel, die jeweils eine andere Seite der Besonderheit Jesu Christi zum Ausdruck bringen wollen. Wie sich unschwer denken lässt, könnte man über die Bedeutung jedes einzelnen dieser Titel fast ein eigenes Buch schreiben. Wenn man dann noch die vielen weiteren Bezeichnungen oder auch Bildworte für Jesus hinzunimmt, etwa „Meister", „Hirte", „Brot des Lebens", „Licht" oder „Weinstock", dann käme rasch eine ganze Jesus-Bezeichnungen-Bibliothek zusammen.

Ein besonders dickes Buch, um im Bild zu bleiben, wäre dann sicher das, auf dessen Rücken der Titel „Sohn Gottes" steht.

Schon die Tatsache, dass dieser Titel nicht die einzige Bezeichnung für Jesus Christus ist, macht deutlich, dass es sich bei „Sohn“ nicht um einen biologischen Begriff handeln kann. Jesus ist ja auch nicht von Beruf Hirte oder ein irgendwie in ein Lamm oder gar ein zu Brot verwandeltes Wesen gewesen. Es sind vielmehr allesamt Bildworte. Bildworte, in denen sich verschiedene Botschaften über die besondere Bedeutung oder auch Funktion Jesu Christi befinden. Insofern gehen Björns Spekulationen über mögliche Familienverhältnisse im Himmel von vornherein, man muss es so deutlich sagen, stramm am Thema vorbei. Um nun der besonderen Bedeutung des Titels „Sohn Gottes“ auf die Spur zu kommen, müssen wir allerdings einen kleinen Umweg machen.

Schlaue Altertumsforscher haben nämlich herausgefunden, dass der Titel „Sohn Gottes“ schon über 1000 Jahre vor Christi Geburt bereits in anderen Religionen der damaligen Zeit vorkommt. In Ägypten z. B. wurden die dortigen Könige so bezeichnet. So lesen wir auf einem alten Relief an einem Tempel in Luxor folgende Worte, die der Gott Amun über einen Kronprinzen spricht: „Mein geliebter leiblicher Sohn, den ich mir zum Ebenbilde gezeugt habe.“ Hier haben wir es – ähnlich den von Björn erinnerten griechischen oder germanischen Götterfamilien – offenbar mit der Vorstellung einer physischen Zeugung eines „Gottessohnes“ zu tun. Man kann sich leicht denken, mit welcher Macht solch ein göttlich gezeugter, gottgleicher Herrscher ausgestattet war. Ein einfaches Menschenleben – etwa das eines Arbeiters beim Bau der riesigen Pyramiden – zählte dagegen nicht viel.

Die Rede von einem „Sohn Gottes“ finden wir dann hier und da auch im Alten Testament. Dabei geht es immer um irgendwelche Wesen, wie etwa Engel (vgl. 1.Mose 6,2; Hiob 1,6), oder Personen, die Gott in besonderer Weise nahestehen. Selbst das ganze Volk Israel kann gelegentlich als „Sohn“ bezeichnet werden. So hören wir z. B. in einer an den ägyptischen Pharao gerichteten Gottesrede: „Israel ist mein erstgeborener Sohn; und ich gebiete dir, dass du meinen Sohn ziehen lässt“ (2.Mose 4,22f). Später taucht „Sohn Gottes“ vor allem als Bezeichnung für den König auf. Bemerkenswert ist vor allem eine Stelle, in der es um den künftigen Nachfolger des großen König David, also Salomo, geht. Ihm gilt Gottes Verheißung: „Ich will sein Vater sein und er soll mein Sohn sein“ (2.Samuel 7,14). Da Salomo biologisch nun einmal nur der Sohn Davids sein kann, muss die gleichzeitige Bezeichnung als „mein Sohn“ logischerweise etwas anderes bedeuten. Eine Art Annahme an Kindes statt? Vielfach wird deshalb dieser Verheißungssatz als „Adoptionsformel“ bezeichnet. Sie bedeutet, dass Gott selbst den König Israels als seinen Sohn annimmt. Es geht hier also nicht um Biologie, sondern um eine einzigartige Beziehung, die im Laufe der Zeit mehr und mehr mit der Vorstellung eines Messias verschmilzt, auf dem alle Hoffnungen ruhen. Der künftige Heilsbringer Israels, so die Erwartung, wird einmal aus dem Geschlecht Davids kommen, insofern auch „Sohn Davids“ genannt werden, gleichzeitig aber – sozusagen „per Adoption“ – auch „Sohn Gottes“ sein.

Für das Neue Testament trifft nun auf Jesus von Nazareth beides zu. Er ist der „Sohn Davids“, weil er wie sein Vater „aus dem Hause und Geschlechte Davids“ kommt (Lukas 2,4), so die Weihnachtsgeschichte. Gleichzeitig ist er der „Sohn Gottes“, sofern nämlich bei seiner Taufe im Jordan Gottes Geist „wie eine Taube“ auf ihn herabkommt und eine Stimme aus dem Himmel erschallt: „Du bist mein lieber Sohn“ (Markus

1,11) – die alte Adoptionsformel! Aber genau dieser Anspruch, nämlich als Mensch zugleich Gottes Sohn zu sein, wird ihm später – menschlich gesehen – zum Verhängnis. „Gotteslästerung" wirft ihm der Hohepriester im Verhör vor. Darauf steht die Todesstrafe. Warum? Eben weil für das theologische Denken der damaligen Zeit mit dem Titel „Sohn Gottes" die größtmögliche Nähe zu Gott ausgesagt ist. Und „sein wollen wie Gott", wir erinnern uns an die alte Geschichte vom Sündenfall (1.Mose 3), ist nun einmal die Sünde aller Sünden.

Doch Jesus ist ja nicht irgendeiner. Er ist – so die Stimme vom Himmel bei seiner Taufe – der von Gott selbst zum Sohn Gottes Erwählte. Ein geradezu einzigartiger Vorgang, von dem her sich nun auch erklärt, weshalb unser Glaubensbekenntnis nicht nur von Gottes „Sohn", sondern von „seinem *eingeborenen* Sohn" redet. Das zugrundliegende griechische Ursprungswort meint wörtlich „einzig geboren" oder auch „einzig". An dieser Stelle stellt der Reformator Johannes Calvin in seinem „Genfer Katechismus" (1542) die scharfsinnige Frage: „Warum nennst du ihn ‚Gottes einzigen Sohn', wo doch Gott uns alle seine Kinder nennt?" Gute Frage. Calvins Antwort: Jesus Christus ist Gottes Sohn „von Natur aus", weil er in Gott selbst seinen Ursprung hat. Wir hingegen sind Gottes Kinder aufgrund der gnädigen Annahme durch Gott. Zwischen der Gottessohnschaft Jesu Christi und unserer Gotteskindschaft besteht also ein qualitativer Unterschied. Es ist schlicht der Unterschied zwischen Gott und Mensch. Die – wenn man so will: „logische" – Spannung zwischen dem „Sohn Davids" und dem „Sohn Gottes" in der Person Jesu Christi macht am Ende wohl das eigentliche Geheimnis der Menschwerdung Gottes aus, wie wir sie vor allem an Weihnachten feiern. „Gott ist im Fleische: wer kann dies Geheimnis verstehen?", singt Gerhard Tersteegen (EG 41,1).

Die einzigartige Beziehung Jesu Christi zu Gott, wie sie sich im Titel „Sohn Gottes“ ausdrückt, zieht sich wie ein roter Faden durch das gesamte Neue Testament. „Ich und der Vater sind eins“, sagt Jesus selbst (Johannes 10,30). Nur von dieser „Wesensgleichheit“ her, wie es in einem späteren Bekenntnis einmal heißen wird, sind überhaupt die vielen, mitunter geradezu ungeheuerlichen Berichte über seine Person zu verstehen. Sie alle zeugen ja von einer Autorität, von einer Vollmacht, die nicht von dieser Welt ist. Warum um alles lassen denn die Jünger alles stehen und liegen und folgen ihm auf sein bloßes Wort hin nach? Warum reklamiert er denn mit seinem berühmten „Ich aber sage euch“ eine unbedingte Deutungshoheit über alles, was bisher als unantastbar galt? Warum spricht er denn im Gebet in einzigartig vertraulicher Weise Gott mit „Abba“ („Papa“) an? Warum kann er denn mit geradezu schöpferischer Gewalt Wind und Wellen Einhalt gebieten? Warum maßt er sich denn an, Sünden zu vergeben, also etwas zu tun, was nur Gott zusteht? Warum sättigt er denn die Hungrigen? Warum macht er denn, wie wir hörten, Blinde sehend, Lahme gehend, Aussätzige rein und Taube hörend? Warum erweckt er denn schließlich sogar Tote und predigt sein Evangelium vor allem den Armen?

All das ist eigentlich nur einigermaßen nachzuvollziehen, wenn dieser Jesus Christus eben mehr als nur der erwartete Messias ist, der die augenblickliche politische Situation seines Volkes wieder geraderücken soll. In ihm begegnet uns vielmehr *Gott selbst*. Nur so wird dann auch seine zunächst so rätselhafte Predigt vom „Reich Gottes“ verständlich, die er in vielen Gleichnissen immer wieder entfaltet: „Die Zeit ist erfüllt und das Reich Gottes ist nahe herbeigekommen“ (Markus 1,15). Nahe herbeigekommen? Das ist nur verständlich, wenn wir in Jesus Christus Gott selbst am Werk sehen. Vielleicht hier und da noch unscheinbar, noch missverständlich, noch verborgen – aber im Ganzen auf Klarheit, auf Größe und Vollendung hin angelegt. Einem winzigen Senfkorn gleich, das, obwohl es anfänglich so klein ist, am Ende ein großer Baum wird (vgl. Matthäus 13,31f). So auch Jesus Christus, der Sohn Gottes. Hier und da in seinem Wirken noch unscheinbar, noch missverstanden oder gar verkannt, doch am Ende steht das Bekenntnis zu ihm: „Mein Herr und mein Gott!" (Johannes 20,28)

„Herr." Es fällt auf, dass das Glaubensbekenntnis diesen Titel neben dem des „Sohnes Gottes" ausdrücklich hervorhebt: „... und an Jesus Christus, seinen eingeborenen Sohn, unsern Herrn." Das hat zunächst einmal einen äußeren Grund. Es gibt im Neuen Testament keine andere Bezeichnung, die so häufig für Jesus Christus verwandt wird wie „Herr". So reden ihn etwa seine Jünger gerne an. Und Jesus erwidert: „Ihr nennt mich Meister und Herr und sagt es mit Recht" (Johannes 13,13). Dass das Glaubensbekenntnis den Titel „Herr" besonders hervorhebt, hat aber noch einen anderen, gewichtigeren Grund. Für Paulus ist das Bekenntnis, dass Jesus Christus „der Herr" ist, der zentrale Inhalt seiner Verkündigung: „Wir predigen nicht uns selbst, sondern Jesus Christus, dass er der Herr ist" (2.Korinther 4,5). Das ist nun doch mehr als ein bloßer Titel. Hier begegnet uns vielmehr ein Machtanspruch, der – geradezu in Erinnerung an das erste der Zehn Gebote – keine Konkurrenz verträgt: „Obwohl es ... ja viele Götter und viele Herren gibt, so haben wir doch nur einen Gott ... und einen Herrn, Jesus Christus" (1.Korinther 8,5f). In der Antike gab es in der Tat manche Herrscher, die sich „Herr" (griechisch: „Kyrios") nannten und auch so aufführten, allen voran der Kaiser in Rom. Was uns vielleicht manchmal wie selbstverständlich über die Lippen geht, für die frühen Christen war das Bekenntnis zu Jesus

Christus als dem „einen Herrn“ auch ein Politikum, und zwar, wie man sich denken kann, auch ein gefährliches.

Aber für die Bibel ist Jesus Christus gerade nicht ein Herr wie andere. Menschliche Erfahrung sagt, dass Herren nun mal „herrschen“. Doch schon im Alten Testament wird von Gottes Herr-Sein anders geredet. Er ist „Herr aller Herren“ (Psalm 136,3), indem er gerade nicht wie üblich mit Gewalt und Schrecken, sondern völlig anders regiert: „Er hebt den Dürftigen aus dem Staub und erhöht den Armen aus der Asche“, singt z. B. Hanna (1.Samuel 2,8). Seine Herrschaft besteht im Schutz der Schwachen und in der grundsätzlichen Infragestellung der Mächtigen: „Verlasst euch nicht auf Fürsten; sie sind Menschen, die können ja nicht helfen. ... Wohl dem, dessen Hilfe der Gott Jakobs ist, ... der Recht schafft denen, die Gewalt leiden, der die Hungrigen speist, die Gefangenen frei und die Blinden sehend macht, der aufrichtet, die niedergeschlagen sind, der die Fremdlinge behütet und Waisen und Witwen erhält“ (Psalm 146,5ff). Ja, in seiner Herrschaft werden die üblichen Machtverhältnisse geradezu auf den Kopf stellt. Im Lied der Maria hört es sich fast wie ein politischer Protestsong der 68er an: „Er stößt die Gewaltigen vom Thron und erhebt die Niedrigen. Die Hungrigen füllt er mit Gütern und lässt die Reichen leer ausgehen“ (Lukas 1,52f).

Genau in diesem Anders-Sein versteht nun auch Jesus Christus seine Herrschaft. Es ist eine Herrschaft – man staune – des *Dienens*. Er ist nach eigenem Bekunden „nicht gekommen ist, dass er sich dienen lasse, sondern dass er diene und gebe sein Leben als Lösegeld für viele“ (Matthäus 20,28). Sein ganzes Leben ist eine einzige Hingabe – uns und der Welt *zugute*. Seine vielen Worte, seine vielen Taten, ja auch sein Leiden, Sterben und Auferstehen – alles erscheint unter dem Vorzeichen des Dienens in einem anderen Licht. Deshalb können Menschen, die diesen anderen Herrschaftsanspruch für sich gelten lassen, am Ende gar nicht anders, als *selber* „anders" zu handeln. Denn Christi Dienst – veranschaulicht an der Tätigkeit einer Fußwaschung – soll unter den Seinen schlicht *weiter*gehen: „Ein Beispiel habe ich euch gegeben, damit ihr tut, wie ich euch getan habe" (Johannes 13,15).

3. Keine bloß „religiöse" Angelegenheit

Das Bekenntnis zu Jesus Christus als Gottes „eingeborenem Sohn" konfrontiert uns – biblisch gesprochen – mit dem „Geheimnis des Glaubens" (1.Timotheus 3,16). Wie kann es sein, so haben sich Christen und Christinnen aller Zeiten immer wieder gefragt, dass der große und ewige Gott sich selbst erniedrigt, sich in Menschengestalt hineinbegibt, ja uns zum Diener wird? Immer wieder hat es dazu eindrucksvolle Deutungen, geradezu halsbrecherische Erklärungen oder auch ganze Dogmen gegeben. Eines davon wurde auf dem berühmten Konzil zu Chalcedon (451 n. Chr.) so auf eine griffige Formel gebracht: Als Gottes Sohn ist Jesus Christus „wahrer Gott und wahrer Mensch". Nicht halbe-halbe, sondern jeweils ganz. Als „Sohn Davids" und als „Sohn Gottes" hat Jesus Christus gewissermaßen zwei Naturen in sich: eine menschliche und eine göttliche, und zwar „unvermischt und ungetrennt", also gleichzeitig. Sicher ein intellektuell löblicher Versuch, aber löst er jenes Geheimnis?

Viele Jahrhunderte später sagt es das Bekenntnis von Barmen (1934) noch einmal anders: „Jesus Christus ist das eine Wort

Gottes, das wir zu hören, dem wir im Leben und im Sterben zu vertrauen und zu gehorchen haben." Mit der Formulierung „das eine Wort Gottes" wird der Titel „Sohn Gottes" endgültig jeden biologischen Verdachts enthoben. Jesus Christus ist eben darin „Gottes Sohn", dass uns in ihm Gott selbst begegnet. Dass uns in ihm Gott nahekommt („Mensch wird"). Dass in ihm Gott zu uns spricht („das eine Wort Gottes"). All das, was wir in der Heiligen Schrift über Jesus Christus erfahren, sagt eben etwas Wesentliches über Gott. Dem vielbeklagten vermeintlichen „Schweigen Gottes" hat der christliche Glaube genau dies entgegenzuhalten: Sieh auf Jesus Christus, „das eine Wort Gottes", dann wirst du erfahren, wer Gott ist und was er dir zu sagen hat.

Und dass mit dem Bekenntnis zu „unserm Herrn" nichts Geringeres als ein regelrechter Herrschaftswechsel einhergeht, hat die Barmer Theologische Erklärung – ausgerufen unter fürchterlichsten politischen Machtverhältnissen – gleichauf zum Ausdruck gebracht: „Wir verwerfen die falsche Lehre, als gebe es Bereiche unseres Lebens, in denen wir nicht Jesus Christus, sondern anderen Herren zu eigen wären." Das Bekenntnis zu Jesus Christus als „unserm Herrn" ist also alles andere als eine bloß „religiöse" Angelegenheit. Schon gar nicht ist es, wie es dem Glauben ja oft zugewiesen wird, eine „reine Privatsache". Wer sich zu Jesus Christus als „unserm Herrn" bekennt, weiß nicht nur, wie es der Heidelberger Katechismus formuliert, um den „einzigen Trost im Leben und im Sterben", er geht vielmehr zugleich eine Selbstverpflichtung ein: Ja, jene „andere" Herrschaft Jesu Christi soll von mir nicht nur behauptet werden, sie soll in meinem Leben und in unserer Welt zur *Geltung* kommen. Ich selbst will alles in meiner Macht Stehende tun, damit sich seine „andere" Herrschaft *durchsetzt* auf

Erden. Nicht umsonst heißt es ja im Vaterunser: „Dein Wille geschehe!“

Bis zur nächsten, hoffentlich nicht ganz so mäßigen Predigt hat Björn also durchaus noch genügend Gelegenheit, die vielen Botschaften, die mit dem „eingeborenen Sohn“ und dem „Herrn“ einhergehen, ein wenig auf sich wirken zu lassen.

VIII. „EMPFANGEN DURCH DEN HEILIGEN GEIST, GEBOREN VON DER JUNGFRAU MARIA“

Sinnvoller Stolperstein

1. Eine Zumutung für den gesunden Menschenverstand?

Seit vielen Jahren gehört Silke zu den engagierteren Mitarbeiterinnen ihrer Gemeinde. Kindergottesdiensthelferkreis, Leitungsteam bei Familienfreizeiten, Organisation von Gemeindefesten, Lesungen im Gottesdienst, Eine-Welt-Verkaufsstand, Redaktion des Gemeindebriefes, Aufbau einer neuen Frauengruppe – was sich halt so ergibt, wenn man der Kirche irgendwann einmal den kleinen Finger hinhält. Es erscheint nur logisch, dass sie für die Wahl des nächsten Presbyteriums auf der Vorschlagsliste auftaucht. Obwohl es bei Silke eigentlich überflüssig erscheint, werden im Vorfeld vom kirchlichen Verwaltungsamt noch einmal alle Daten überprüft. So verlangt es nun einmal die Kirchenordnung. Dabei stellt sich heraus, dass sie gar nicht getauft ist und also auch nicht Presbyterin werden kann. Was ist da los?

Bald darauf sucht Silke das vertrauliche Gespräch mit ihrer Pfarrerin. Diese war es nämlich, die Silke – nicht zuletzt wegen der vielen gemeinsamen Aktivitäten – für das neue Amt vorgeschlagen hatte. Sie schätzt Silke nicht nur menschlich und wegen ihrer großen gemeindlichen Erfahrung, sie fühlt sich ihr auch im Glauben sehr verbunden. Bei wie vielen Gelegenheiten hatte man nicht schon gemeinsam über einen biblischen Text nachgedacht, gemeinsam gesungen, gemeinsam gebetet. „Wissen Sie", erzählt ihr Silke, „meine Eltern waren damals der Meinung, ich solle später einmal selbst entscheiden. Irgendwann habe ich dann gar nicht mehr dran gedacht. Dabei ist es dann geblieben. Wie das so ist." Aber da ließe sich doch etwas machen, erwidert die Pfarrerin. Die Taufe könne man relativ unkompliziert und fristgerecht nachholen. Bei ihrem gemeindlichen Engagement dürfte das doch wohl nicht das Problem sein.

Doch im Laufe des weiteren Gesprächs stellt sich heraus, dass es da doch ein Problem gibt. Silke, die jahrelange Mitarbeiterin der Gemeinde, hat Schwierigkeiten mit dem Glaubensbekenntnis. Genauer gesagt: mit einem ganz bestimmten Teil darin. Immer wenn es um die Passage „empfangen durch den Heiligen Geist, geboren von der Jungfrau Maria" gehe, schweige sie im Gottesdienst, verrät sie der Pfarrerin. Trotz ihrer Verbundenheit mit der Kirche und, ja auch, ihrem Verwurzeltsein im christlichen Glauben – eine Jungfrauengeburt könne und wolle sie ihrem Verstand einfach nicht zumuten.

Bei allem Respekt vor Silkes Vorbehalten, aber hat sie in der Sache eigentlich recht? Ist es tatsächlich so, dass uns der Glaube an die Jungfrauengeburt ein verstandesmäßiges Opfer abverlangt? Immerhin fällt auf, dass wir inzwischen an einer der Stellen des Glaubensbekenntnisses angelangt sind, „an denen man“, wie es der Theologe Karl Barth einmal formuliert hat, „von jeher und weithin auch innerhalb der christlichen Gemeinde Anstoß genommen hat“. Zu hart scheinen sich hier – mehr noch als beim Thema „Schöpfung“ – die Widersprüche zwischen Naturwissenschaft und Glaube schier unversöhnlich gegenüberzustehen.

Aber wie kommt das Glaubensbekenntnis überhaupt dazu, uns einen solchen „Anstoß“ zuzumuten? Mit einigem Nachdenken war bislang ja alles noch einigermaßen zu verstehen. Und nun sollen wir plötzlich unseren gesunden Menschenverstand an den Nagel hängen?

2. Eine Wundergeschichte, die von einem anderen Wunder erzählt

Um es gleich vorweg zu sagen: Besonders häufig wird die Sache mit der Jungfrauengeburt in der Bibel nicht erwähnt. Zwei, drei Stellen mögen es sein. Die Wichtigste finden wir im Lukasevangelium (Lukas 1,26-38). Sie handelt von einer Frau namens Maria und ist relativ rasch erzählt.

Maria, so lesen wir, wohnt in Galiläa im Norden Israels, genauer gesagt: in Nazareth. Sie ist verlobt mit Josef, einem Nachfahren aus dem Stamm Davids. Eines Tages kommt „von Gott gesandt“ der Engel Gabriel mit einer geradezu unglaublichen Botschaft zu ihr ins Haus: „Du wirst schwanger werden.“ Das Kind werde „groß sein und Sohn des Höchsten genannt werden“ und einmal König über Israel, also der künftige Messias, sein. Maria entgegnet, all das könne schon deshalb nicht möglich sein, da sie noch Jungfrau sei. Doch der Engel lässt das nicht gelten: „Der Heilige Geist wird über dich kommen, und die Kraft des Höchsten wird dich überschatten." Die Geschichte endet mit den lapidaren Worten Marias: „Siehe, ich bin des Herrn Magd; mir geschehe, wie du gesagt hast."

Man kann fragen: Warum um alles ist ausgerechnet diese Geschichte in unserem Glaubensbekenntnis gelandet? Wir wollen Schritt für Schritt versuchen, es herauszubekommen, und fangen zunächst mit ein paar äußerlichen Auffälligkeiten an.

Da ist zunächst *Galiläa.* Eine kleine Provinz im Norden des Landes. Im Bewusstsein der Leute fast ein wenig hinterwälderisch. Läge Galiläa in Deutschland, so hieße es vermutlich Ostfriesland oder Uckermark. Die ganz große Weltpolitik spielt sich jedenfalls eher nicht in Galiläa ab. Und ausgerechnet hierhin kommt der Engel Gottes.

Dann: *Nazareth.* Ein trübes Nest mit ungutem Ruf: „Was kann aus Nazareth schon Gutes kommen!" – so lästern die Leute. Wir kennen solche Orte, von denen angeblich nichts Gutes zu erwarten ist. „No-go-Areas", sagen die Amerikaner dazu. Gegenden, die der friedliche Bürger besser meidet. Nun also „No-go-Area" Nazareth. Und ausgerechnet hierhin kommt der Engel Gottes.

Und schließlich: *Maria.* Wer ist sie? Eine Heilige? Eine Fürsprecherin? Madonna, Mutter Gottes, Himmelskönigin? Ohne unseren katholischen Mitbrüdern und Mitschwestern zu nahe treten zu wollen, aber von alledem sagt unser Text nichts. Maria ist ein einfaches, unbekanntes Mädchen in der Provinz. Sein jüdischer Name: „Miriam". Zu Deutsch: „Bitterkeit". Und ausgerechnet zu ihr kommt der Engel Gottes.

Hinterwäldlerische Provinz, „No-go-Area", einfaches jüdisches Mädchen namens „Bitterkeit". Es hat ganz den Anschein, als seien wir mit diesen vermeintlichen Äußerlichkeiten dem Inhalt unserer Geschichte schon ein wenig auf der Spur. „Sohn des Höchsten" – das erinnert unschwer an „Sohn Gottes". In diesem Titel kündigt sich ja, wie wir gesehen haben, nichts Geringeres als das Wunder von Weihnachten an. Das Wunder, dass Gott zur Welt kommt, Mensch wird. Nein, nicht einfach Mensch wird. Dass Götter Menschen werden, das gab es in den antiken Religionen zuhauf. Meist waren das brüllende Heroen auf irgendwelchen Schlachtfeldern. In unserer Geschichte indes kündet sich Gottes Kommen in die Welt sehr unheroisch an: in Galiläa, in Nazareth. Und genauso unheroisch kommt der „Sohn des Höchsten" wenig später tatsächlich zur Welt: nicht in einem Prachtbau, sondern in einem Stall. Nicht in einem königlichen Luxusbett, sondern in einer unhygienischen Futterkrippe. Nicht bei den Reichen und Schönen, sondern bei einem einfachen jüdischen Mädchen, das sich selbst als „Magd" bezeichnet.

Die kurze Geschichte von Maria ist die Geschichte von einem Wunder, hinter dem alle anderen Wunder, die es geben mag, weit verblassen müssen: dass der große und heilige Gott sich nicht zu schade ist, es mit unserer kleinen Welt überhaupt zu tun haben zu wollen. Dass er, „der Höchste", sich für sein Kommen ausgerechnet eine schäbige Provinz aussucht, das fasse, wer kann. Galiläa, Nazareth, später: Stall und Krippe, geboren von einer einfachen Magd – nur auf diesem Hintergrund tritt das eigentliche Wunder von Weihnachten, das Wunder der Menschwerdung Gottes, hervor. Ein Geschehen, zu dem die Menschheit in der Tat wie die sprichwörtliche „Jungfrau zum Kinde" kommt.

Wen wundert es da noch, wenn der Evangelist Lukas uns von diesem Wunder mit Hilfe einer Wunder*geschichte* erzählt? Wenn er versucht, das Unerhörte der Menschwerdung Gottes, *dieser* Menschwerdung Gottes, nun in einer Geschichte zu erzählen, die selbst etwas Unerhörtes, ja geradezu Anstößiges an sich hat: eben eine Jungfrauengeburt? Dabei kommt ihm eine alte Verheißung aus der Bibel zu Hilfe: „Siehe, eine junge Frau ist schwanger und wird einen Sohn gebären, den wird sie nennen Immanuel", so heißt es bei dem Propheten Jesaja (Jesaja 7,14). Dieses alte Wort baut Lukas nun fast wörtlich in seine Geschichte ein. Der Evangelist ist ein frommer Mann und dessen gewiss, dass in diesem Jesus sich tatsächlich die Verheißung auf einen Messias erfüllen wird. Aber – ist es uns aufgefallen? – Lukas macht aus der „jungen Frau", wie es noch bei Jesaja heißt, nun eine „Jungfrau".

Ein peinlicher Versprecher? Oder ein bloß geistreiches Wortspiel? Hat der Mann seinerzeit im Biologieunterricht nicht richtig aufgepasst, oder ist er schlicht verrückt geworden? Gemach. Lukas war nicht nur ein frommer, sondern auch ein sehr gebildeter Mann. Von Beruf Arzt. Wir dürfen ihm unterstellen, dass er über die biologischen Abläufe von Zeugung und Geburt Bescheid wusste. Aber warum dann um alles in der Welt diese absurde Geschichte mit der Jungfrauengeburt?

Um hier einen Schritt weiterzukommen, muss man sich klarmachen, dass es allgemein in der Antike, etwa in Ägypten, durchaus üblich war, ein neugeborenes Königskind mit dem Titel „von einer Jungfrau geboren" zu schmücken. Es sollte die außergewöhnliche Besonderheit eines solchen Kindes zum Ausdruck bringen. Lukas, der sich ja mit seinem Evangelium genau das vorgenommen hat, nämlich die Besonderheit, ja das Wunder des Kommens Gottes in seine Welt zu predigen, greift nun zu einem erzählerischen Mittel, das zumindest seine Zeitgenossen sehr wohl verstanden. Die so transportierte Botschaft: In dem Kind in der Krippe wird ein König zur Welt kommen. Gewiss ein sehr anderer König als die in den Palästen Ägyptens. Aber dennoch ein König. Was heißt: *ein*? *Der* König schlechthin: „Er wird König sein über das Haus Jakob in Ewigkeit", hatte der Engel gesagt, „und sein Reich wird kein Ende haben."

Aber – war da nicht noch etwas? Richtig, unser Glaubensbekenntnis spricht nicht nur von einer Jungfrauengeburt, sondern sagt auch: „empfangen durch den Heiligen Geist". Eine missverständliche Formulierung. Nährt sie doch eher eine biologische Vorstellung von der Menschwerdung Gottes. Der biblische Text spricht in diesem Zusammenhang jedoch gar nicht von „empfangen", sondern davon, dass der Heilige Geist über Maria „kommen" und die Kraft Gottes sie „überschatten" wird. Formulierungen, die in ihrer Behutsamkeit das Wunder der Menschwerdung Gottes gerade nicht quasi-biologisch „erklären", sondern als ein Geheimnis respektieren. Als *Gottes* Geheimnis. Er – und nur er – ist der eigentliche und einzige Akteur des weihnachtlichen Wunders. Marias gleichfalls „folgerichtige" wie eindrucksvolle Reaktion: „Mir geschehe, wie du gesagt hast."

Doch was ist eigentlich mit Josef, ihrem Verlobten? Ist Maria wenigstens noch passiv, eben als „Magd" beteiligt, so scheint er ganz raus zu sein aus dem Geschehen. Doch das stimmt so auch nicht. Beim Evangelisten Matthäus finden wir über ihn eine Geschichte, die die Sache mit der Jungfrauengeburt noch einmal von einer ganz anderen Seite her beleuchtet. Auch sie ist relativ rasch erzählt.

Josef, so lesen wir dort (Matthäus 1,18-25), erfährt von Marias Schwangerschaft, „ehe er sie heimholte“. Im Sprachgebrauch der damaligen Zeit ist damit die Eheschließung und die Begründung eines gemeinsamen Hausstandes gemeint. Es ist also ein voreheliches Kind zu erwarten. Was in unseren Breitengraden noch bis in die vorigen Generationen hinein zumindest für bestimmte bürgerliche Kreise als irgendwie anrüchig galt, ging im alten Israel gar nicht. Josef beschließt daraufhin, Maria „heimlich zu verlassen“, also aus dem geplanten Eheversprechen zu entlassen. Warum? Weil es für sie eine, wie es heißt, „Schande“ bedeutet hätte, vor der Ehe schwanger zu sein, zudem noch nicht einmal von ihrem zukünftigen Mann. Nun erscheint auch ihm ein Engel. Seine Botschaft: Er solle sich nicht fürchten, seine Frau zu sich zu nehmen. Kein fremder Mann sei im Spiele, sondern „was sie empfangen hat, das hat sie vom Heiligen Geist“. Ähnlich wie Maria, so erfährt nun auch Josef: Jetzt bekomme ich es mit Gott selbst zu tun. Und auch er reagiert ähnlich wie sie, indem er der Stimme des Engels gehorcht und seine zukünftige Frau schlicht „zu sich nimmt“.

Soweit erst einmal die beiden biblischen Geschichten, die von der Jungfrauengeburt berichten. Und das auch eher auf jeweils indirekte Weise. Viel ist es also nicht gerade. Deshalb bleibt die Frage: Warum hat ausgerechnet dieses Thema Eingang in das Glaubensbekenntnis gefunden? Mit Verlaub: Gibt es in der ganzen dicken Bibel nichts Wichtigeres?

3. Ein unnötiger und ein nötiger Anstoß

Vielleicht ist uns bereits bei unserem kurzen Durchgang durch die einschlägigen biblischen Texte deutlich geworden, dass wir unseren Verstand beim Thema „Jungfrauengeburt“ ganz und gar nicht an den Nagel hängen müssen. Im Gegenteil: Um diese Geschichte einigermaßen verstehen zu können, haben wir ihn ja gerade kräftig in Anspruch nehmen müssen.

Dabei ist uns klar geworden, dass die Evangelisten einen guten Grund hatten, diese Wundergeschichte – gewiss mit den Mitteln ihrer Zeit – zu erzählen. Und der Grund ist schlicht ein ganz anderes Wunder. Ein Wunder, das – wieder einmal – weniger mit Biologie, aber sehr viel mit Beziehung zu tun hat. Es ist das Wunder der Menschwerdung Gottes, das wir zentral an Weihnachten feiern. Menschwerdung heißt ja: Hier stiftet Gott selbst eine einmalige, unzerstörbare Beziehung zu uns Menschen, indem er sich „mitten unter uns“ begibt, ja mehr noch: einer der unsrigen wird, unser „Fleisch und Blut annimmt“, wie es in einem alten Weihnachtslied heißt (EG 27,4).

So gesehen können wir vielleicht doch unsere Väter und Mütter im Glauben verstehen, die das „geboren von der Jungfrau Maria“ in unser Glaubensbekenntnis aufgenommen haben. Und was auf den ersten Blick als ein störender „Anstoß“ für den Glauben erscheint, könnte sich so doch als ein sinnvoller Stolperstein erweisen, der uns davor bewahrt, das unerhörte Wunder von Weihnachten nicht zu schnell zu übergehen, nicht zu rasch in die belanglose Ecke des bloß Romantischen und Stimmungsvollen abzuschieben.

So gesehen können wir vielleicht auch all die vielen Christinnen und Christen verstehen, die hier Sonntag um Sonntag wacker mitbekennen: „empfangen durch den Heiligen Geist, geboren von der Jungfrau Maria“. Nicht als ein intellektueller Opfergang, bei dem wir für ein paar Sekunden alle naturwissenschaftlichen Erkenntnisse über den Haufen werfen müssen. Sondern als ein ganz kleines, schwaches, staunendes Echo auf die Botschaft von dem Gott, der es – o Wunder – auch mit uns zu tun haben will. Als kleiner Hinweis darauf, dass Gottes Kommen in eine Welt, die weitgehend von ihm nichts wissen will, alles andere als selbstverständlich ist.

Der christliche Glaube glaubt nicht an eine biologische Absurdität. Er glaubt an den lebendigen Gott. Dazu ist Christus geboren. Mitten in einer erbärmlichen Umgebung. O Wunder. Maria lässt dieses Wunder zu. Am eigenen Leibe: „Siehe, ich bin des Herrn Magd; mir geschehe, wie du gesagt hast.“ Ihr Gehorsam ist nicht Ausdruck eines – psychologisch gesprochen – „autoritären Charakters“, sondern des Vertrauens in das Wirken Gottes. Darin kann sie uns allerdings ein Vorbild sein.

Und Josef? Wenn man sich das damalige Denken vor Augen hält, wonach der Mann der eigentliche „Erzeuger“, die Frau hingegen nur die „Vase“ seines lebensspendenden Samens ist übrigens eine Vorstellung, die bis weit in das 19. Jahrhundert hinein reicht –, ist seine anfängliche Kränkung menschlich nachzuvollziehen. Da geschieht ja etwas ohne ihn. Wie schrecklich. Zudem droht gesellschaftliche Ächtung. Aber Josef flieht nicht. Er übernimmt Verantwortung. Darin kann *er* uns ein Vorbild sein.

Und Silke? Es wäre ihr zu wünschen, dass sie sich bei ihrem engagierten Unterwegssein im Glauben nicht von falschen und unnötigen „Anstößen" irritieren lässt. Dass ihr der große und nahe Gott, von dem jenes „geboren von der Jungfrau Maria" kündet, weiterhin – wo und auf welche Weise auch immer – selbst begegnen möchte. Und dass sie dabei um Himmels willen nicht ihren wundervollen, von Gott geschenkten Verstand an den Nagel hängen müsste, sondern ihn ganz im Gegenteil einsetzen dürfte für eine Welt, die Gottes Kommen auch heute noch bitter nötig hat.

Gewiss gibt es auch andere, nötige „Anstöße" des Glaubens. Aber die haben nichts mit Biologie zu tun. Sie haben etwas mit der weihnachtlichen Parteinahme Gottes für die Geringen und Entrechteten zu tun, wie sie nicht nur an der Krippe, sondern vor allem am Kreuz deutlich wird. Der Apostel Paulus spricht in dem Zusammenhang gelegentlich von „Torheit", ja von einem „Skandal" (1.Korinther 1,23). Wer *hier* stolpert, tut es mit Recht. Denn es geht nicht darum, seinen Verstand, sondern seine bisherige Lebenseinstellung und vielleicht auch einmal seine bisherige Lebensweise an den Nagel zu hängen. Allein dafür hätte sich das Nachdenken über „empfangen durch den Heiligen Geist, geboren von der Jungfrau Maria" schon gelohnt.

IX. „GELITTEN UNTER PONTIUS PILATUS“

Mehr als eine Marotte

1. Eine falsche Pause?

Etwas aufgebracht bahnt sich Frau Versteegen nach dem Gottesdienst den Weg in die Sakristei. Dort ist Pfarrer Thielenhaus gerade dabei, sich von seinem Talar zu befreien. Das müsse sie doch nun endlich einmal loswerden, platzt es aus Frau Versteegen heraus. Es störe sie schon seit Jahren, dass „in dieser Gemeinde“ das Glaubensbekenntnis völlig falsch gesprochen werde. Wie bitte? Ja, das sei sie doch aus ihrer alten Gemeinde, übrigens einer reformierten, völlig anders gewohnt. Pfarrer Thielenhaus blickt sie ein wenig irritiert an. „Ich denke, liebe Frau Versteegen, dass wir auch in unserer Gemeinde das Glaubensbekenntnis Sonntag für Sonntag so sprechen, wie der alte Text nun einmal lautet und es im Übrigen ja auch die Gottesdienstordnung so vorsieht.“

„Sie verstehen mich nicht“, erwidert nun Frau Versteegen. „Es geht mir nicht um den Wortlaut, sondern um die Art und Weise, *wie* wir das Glaubensbekenntnis aussprechen.“ „Da muss ich Ihnen in gewisser Weise recht geben", pflichtet ihr Thielenhaus bei. „Manchmal habe ich auch den Eindruck, dass wir die Worte mitunter fast ein wenig gedankenlos herunterleiern." Nein, nein, auch das meine sie nicht. Es gehe um eine völlig falsche und deshalb sinnentstellende Pause beim Sprechen des Bekenntnisses. Falsche Pause? Nun ist Thielenhaus regelrecht gespannt. Die Gemeinde, so Frau Versteegen, spreche regelmäßig die Stelle „gelitten unter Pontius Pilatus" sozusagen in einem Rutsch. Das erwecke den Eindruck, dass Christus nur unter Pontius Pilatus gelitten habe. Sie aber habe noch aus dem Heidelberger Katechismus gelernt, dass Christus „die *ganze* Zeit seines Lebens auf Erden" gelitten habe. Es müsse also vielmehr heißen: „Gelitten." Pause! „Unter Pontius Pilatus gekreuzigt, gestorben und begraben."

Pfarrer Thielenhaus fühlt sich für den Moment ein wenig überrumpelt. Spontan muss er an die eine oder andere Konfirmandenstunde denken. Gewiss, das Leiden und Sterben Jesu Christi nimmt in seinem Unterricht keinen geringen Raum ein. Aber irgendwie tut er sich auch schwer damit, die Kinder mit bloßen Leidensgeschichten zu überhäufen. Was für ein Bild von Kirche und Glaube wird denn da transportiert? Sicher, das Schwere im Leben soll nicht tabuisiert oder gar übergangen werden. Aber der Glaube hat doch auch eine fröhliche, um nicht zu sagen: heitere und lebenszugewandte Seite. Hat man nicht – eben auch und gerade in Jesu Namen – miteinander schon lockere Gottesdienste gefeiert, hier und da zusammen gegessen und getrunken und fröhliche Freizeiten verbracht? Thielenhaus merkt, wie er in Gedanken mehr und mehr abschweift. „Wie war noch einmal Ihre Frage? Ach, richtig. Pilatus und die falsche Pause. Was halten Sie davon, wenn wir darüber einmal in Ruhe beim nächsten Bibelgesprächskreis reden?“ Einer der Vorteile von Gemeinde ist es, dass man die Dinge nicht immer auf der Stelle lösen muss.

Denn was hier als bloße konfessionalistische Marotte daherkommt, zeigt zumindest ein grundsätzliches theologisches Problem an. Es geht um die Frage, wie das in der Tat ja nicht ganz nebensächliche Motiv des Leidens Christi richtig zu verstehen ist. Ist es nur eine Art Durchgangsstadium am Ende seines Lebens, ein bloßer Teil seines schrecklichen und schmerzvollen Sterbens am Kreuz? Oder ist es eine Grundbestimmung seiner ganzen Existenz, so dass dann auch jede einzelne Station seines Weges nur unter dem Vorzeichen des Leidens gesehen werden kann? Und nicht zuletzt: Was bedeutet die eine oder andere Antwort dann für Menschen, die, wie wir bereits hörten, gerufen sind, ihm in „seinen Fußstapfen nachzufolgen“ (1.Petrus 2,21)? Was bedeutet sie für einen Pfarrer Thielenhaus, der ja auch nichts anderes möchte, als redlich seinen ihm anvertrauten jungen Menschen einen Weg zum Glauben zu weisen?

Aber es gibt da noch eine andere Frage. Sie betrifft den damaligen Statthalter von Jerusalem, Pontius Pilatus. Wie kann es sein, so fragt man sich unwillkürlich, dass der Name eines allenfalls drittklassigen Provinzpolitikers seit zweitausend Jahren bis heute Sonntag für Sonntag weltweit von Millionen und Abermillionen von Christen ausgerechnet dort, wo es um nichts anderes als ihren Glauben geht, in den Mund genommen wird? Wie kommt so ein Mensch überhaupt in das Credo? „Die Antwort könnte zunächst etwas roh und bissig lauten: wie der Hund in die gute Stube!“ (Karl Barth) Das hieße dann aber, dass – so wie sich ja auch wohlerzogene Hunde manchmal in Ecken verziehen, wo sich eigentlich nicht hingehören – dieser

Pilatus im Glaubensbekenntnis schlicht deplatziert ist. Aber ist es vorstellbar, dass das den Autoren dieses Textes nicht aufgefallen sein könnte? Kaum. Es muss also einen triftigen Grund geben, weshalb Pontius Pilatus an dieser Stelle namentlich genannt wird und so wohl auch mit unserem Glauben etwas zu tun hat.

2. Kein christliches Yin und Yang

Was wissen wir über Pontius Pilatus? Folgen wir den biblischen und auch außerbiblischen Quellen, so ergibt sich etwa folgendes Bild:

Pilatus ist zur Zeit Jesu „Statthalter in Judäa" (Lukas 3,1). Das war damals eine römische Provinz im Großraum um Jerusalem. Statthalter waren die autorisierten Vertreter des Römischen Reiches, das in jenen Jahren den gesamten Mittelmeerraum und halb Europa beherrschte. Pilatus' Amtszeit (etwa 26 bis 36 n. Chr.), die ihm den zweifelhaften Titel „Freund des Kaisers" einträgt (Johannes 19,12), ist für ihn kein Ruhmesblatt. Wo auch immer sein Name auftaucht, ist dieser mit Gewalttätigkeit, Korruption und willkürlichen Demütigungen seiner Untertanen belastet. So wird etwa berichtet, dass er nicht nur – etwa mit der Aufstellung von Kaiserbildern im Tempel – die Juden bewusst zu kränken versuchte, sondern mitunter auch überaus grausam gegen sie vorging (vgl. Lukas 13,1). Sein Charakter wird verschiedentlich als eigenwillig, bestechlich und machtbesessen geschildert. Wir könnten es bei diesen wenigen Angaben bewenden lassen, zumal solche Beschreibungen auf unendlich viele kleine und große Machthaber – damals wie heute – zutreffen. Wenn Pontius Pilatus nicht an einer entscheidenden Stelle im Leben

Jesu auftauchte. Es geht um den Prozess, der am Ende zu seinem gewaltsamen Tod am Kreuz führt.

Die Berichte über dieses Verfahren, wie sie uns in den vier Evangelien vorliegen, wirken beim ersten Lesen etwas unübersichtlich, zumal sie nicht in allen Einzelheiten völlig deckungsgleich sind. Allerdings geht aus ihnen allen gemeinsam hervor, dass Jesus, der der religiösen Führung im Lande schon lange ein Dorn im Auge ist, anlässlich des Passafestes vor den Hohen Rat gestellt wird. Dieser bestand aus dem Hohepriester, den Ältesten und Schriftgelehrten und war zu dieser Zeit die oberste theologische, juristische und z. T. auch politische Instanz in Jerusalem. Höhepunkt des Verfahrens ist die Frage des Hohepriesters Kaiphas an Jesus, ob er „der Christus, der Sohn Gottes", sei. Jesu Antwort: „Du sagst es." (Matthäus 26,63f) Die Reaktion des versammelten Hohen Rates ist einhellig: „Er ist des Todes schuldig." (26,66) Da Verhängung und Vollzug der Todesstrafe nicht der jüdischen Obrigkeit, sondern der römischen Besatzungsmacht oblagen (vgl. Johannes 18,31), wird Jesus nun vor den römischen Statthalter geschleppt.

Die Begegnung zwischen Jesus und Pilatus ist durchaus facettenreich. Nicht umsonst bietet sie immer wieder Stoff für phantasievolle Romane, Filme und Hörbücher, zumal an einer Stelle noch eine kleine Episode mit der Frau des Statthalters eingeblendet wird, die ihrem Mann von einer Verurteilung abrät (vgl. Matthäus 27,19). Im Verlauf dieser Begegnung zeigt Pilatus einen eher ambivalenten Charakter. Einerseits kann er als Anhänger einer anderen Religion mit der Anklage der Hohenpriester und Schriftgelehrten, die Jesus Gotteslästerung vorwerfen, wenig anfangen: „Ich finde keine Schuld an diesem Menschen" (Lukas 23,4). Auch ist er über Jesu Schweigen „sehr verwundert" (Matthäus 27,14), später geradezu genervt (vgl. Johannes 18,10). Andererseits wirkt er irritiert von dessen Anspruch, „König der Juden" zu sein. Ein politischer Konkurrent? Jesus: „Ich bin ein König. Ich bin dazu in die Welt gekommen, dass ich die Wahrheit bezeugen soll." (Johannes 18,37) Mitunter nimmt das Gespräch fast philosophische Züge an. So etwa, als Pilatus die tiefsinnige Frage in den Raum stellt: „Was ist Wahrheit?" (18,38) Wohl um weitere öffentliche Unruhe zu vermeiden, ist er schließlich „dem Volk zu Willen" (Markus 15,15) und lässt Jesus foltern und kreuzigen. Er selbst wäscht anschließend seine Hände in Unschuld (vgl. Matthäus 27,24). Ein klassischer Schreibtischtäter.

„Gelitten unter Pontius Pilatus" – kein Zweifel: Jesus hat unter Pilatus gelitten. Aber hat er auch in seinem übrigen Leben gelitten? Ja, war vielleicht sein ganzes Leben ein einziges Leiden, wie man es Frau Versteegen in ihrer alten reformierten Gemeinde noch beigebracht hat? Wenn man die Evangelien einmal unter dieser Frage durchblättert, so wird man bald feststellen, dass sich das Leiden in der Tat wie ein roter, am Schluss sogar blutroter Faden durch das Leben Jesu vom Anfang bis zum Ende hindurchzieht.

Da ist die Geburt unter unsäglichen Bedingungen und die frühe Flucht. Da ist die alsbaldige Entfremdung von seiner Familie und das vielfache Unverständnis, auf das er immer wieder selbst bei seinen engsten Vertrauten stößt. Da ist seine Heimatlosigkeit: „Die Füchse haben Gruben und die Vögel unter dem Himmel haben Nester; aber der Menschensohn hat nichts, wo er sein Haupt hinlege." (Lukas 9,58) Da sind die häufigen Anfeindungen von Seiten seiner Zeitgenossen, die handfesten Nachstellungen und tödlichen Bedrohungen. Da ist seine Einsamkeit. Seine Traurigkeit, seine Anfechtung, seine Angst. Der Verrat und die Verleugnung. Da ist der entwürdigende Prozess mit anschließender Verspottung, Geißelung und grausamer Hinrichtung. Und am Ende seine tiefe Gottverlassenheit. – In der Tat: Jesu ganzes Leben steht offenbar unter dem Zeichen „gelitten". „Am Anfang der Stall – am Ende der Galgen", so hat Walter Jens seine Übertragung des Matthäusevangeliums treffend überschrieben.

Doch gibt es da nicht auch lichte Momente in seinem Leben? Genuss, Freude, Anerkennung? O doch. Sie sind zwar auffallend spärlicher gesät, aber es gibt sie. Wir lesen etwa von der Teilnahme an einer Hochzeit (Johannes 2,1ff) oder der verschiedentlichen Einkehr in gastliche Häuser (Lukas 7,36; 10,38ff; 19,5). Wir hören von ihm Bildworte, die häufig der Pflanzenwelt entnommen sind (z. B. Matthäus 6,28ff) und auch von einem gewissen Wohlgefallen an der Natur zeugen. Und wie sollte er Kinder „herzen" und „segnen" können (Markus 10,16), wenn er nicht auch Freude an ihnen hätte? Wir lesen davon, dass ihm nicht nur Engel (Markus 1,13), sondern auch Menschen, insbesondere Frauen, „dienen" (Lukas 8,31), d. h. für ihn sorgen. Wir lesen davon, dass er schon in jungen Jahren nicht nur bei Gott, sondern auch bei Menschen „Gnade" erfährt (Lukas 2,52). Davon, dass er nicht nur auf Ablehnung stößt, sondern sich hier und da auch „alles Volk über seine herrlichen Taten freut" (Lukas 13,17), ja über denselben sogar „Gott preist" (Matthäus 9,8; Lukas 18,43). Unter seinen Jüngern begegnet ihm nicht nur Verrat und Verleugnung, sondern auch, dass sie ihm „nachfolgen" (Markus 1,18), sich zu ihm „bekennen" (Markus 8,29), ja an ihn „glauben" (Johannes 2,11). Und Jerusalem ist nicht nur der Ort seines leidvollen Todes, sondern auch seines glanzvollen Einzugs unter „Hosianna"-Rufen (Markus 11,1ff).

Lichte Momente in der Lebensgeschichte Jesu. Aber eben: nur *Momente.* Es handelt sich hierbei offenbar nicht um eine Art Gegenlinie im Gegenüber zur Leidenslinie. Keine sozusagen ergänzende andere Hälfte, die dann zusammen mit der Leidenshälfte ein harmonisches Ganzes ergäbe. Kein christliches Yin und Yang, demzufolge zwei widerstreitende Prinzipien doch unlöslich zusammengehören, ja womöglich einander durchdringen. Keine Allerweltweisheit, wonach es im Leben nun einmal kein Leid ohne Freude und keine Freude ohne Leid geben kann. Das berühmte „Freud muss Leid, Leid muss Freude haben" in Goethes Faust sagt bezeichnenderweise – Mephisto. Nein, der Lebensweg Jesu ist nicht harmonisch. Er ist geprägt von erlittener Ablehnung, von Hass und Gewalt. Insofern ist Pilatus hier nicht nur der Stellvertreter des Kaisers, sondern geradezu Stellvertreter *aller* Mächte, die von diesem Jesus Christus nichts wissen wollen.

Die beherrschende Grundlinie des Lebens Jesu bleibt die des Leidens: „Er kam in sein Eigentum; und die Seinen nahmen ihn nicht auf" (Johannes 1,11). Das ist das bereits am Anfang seiner Geschichte gesetzte Vorzeichen, von dem her alles Weitere überhaupt nur zu verstehen ist. Aber dieses Leiden geschieht nicht um seiner selbst willen und schon gar nicht, um das Leiden gewissermaßen göttlich zu verklären. Leiden bleibt Leiden und als solches furchtbar. Jesu Leiden indes hat offenbar ein darüber hinausgehendes bestimmtes Ziel, eine Bedeutung, einen Sinn. Das zeigt sich bereits in einer erzählerischen Auffälligkeit innerhalb der Evangelien. Rein äußerlich beschreiben sie eigentlich nichts anderes als einen bestimmten Weg – von Galiläa nach Jerusalem. Doch innerlich ist der Gang der Erzählung immer wieder von einer merkwürdigen Bewegung, ja geradezu von einem Drang in Richtung des Ortes geprägt, an dem Jesus sein letztes und endgültiges Leiden erwartet. Er „muss“ nach Jerusalem gehen (Matthäus 16,21), nach Golgatha. Jesu Leiden ist also kein zufälliges Missgeschick, sondern notwendig. Deshalb das in mancherlei Varianten immer wiederkehrende „Muss“: „Der Menschensohn muss viel leiden und verworfen werden“ (Markus 8,31). Dieses „Muss“ weist über sich hinaus auf das Ende am Kreuz. Über dessen Sinn werden wir unter dem „gekreuzigt, gestorben und begraben“ allerdings noch einmal gesondert nachdenken müssen.

Das „Muss“ des Leidens Jesu wirft nun aber auch ein anderes Licht auf die hellen Momente in seinem Leben – von der Hochzeit zu Kana bis hin zum Hosianna von Jerusalem. Diese Momente wollen offenbar nicht mehr sein, als dass in ihnen mitten in einer von Gewalt, Leiden und Tod gezeichneten Welt bereits jetzt etwas Anderes aufleuchtet, nämlich das *eigentliche* Ende seines Weges: seine Auferstehung und seine Erhöhung in Herrlichkeit. Das „gelitten“ wird immer wieder durchbrochen von unüberhörbaren und unübersehbaren Signalen der Hoffnung und der Freude. Nicht von ungefähr spielen in Jesu Gleichnissen die Motive der Hochzeit und des Feierns eine auffallende Rolle. Sie geben eine Vorahnung davon, dass noch etwas Anderes aussteht. Der nicaraguanische Priester Ernesto Cardenal dichtet in einem Lied:

> „Wir sind noch nicht im Festsaal angelangt,
> aber wir sind eingeladen.
> Wir sehen schon die Lichter
> und hören die Musik.“

3. Den Hund ins Wohnzimmer lassen

„Gelitten unter Pontius Pilatus." Wo setzt man die richtige Pause? Was auf den ersten Blick als eine bloße theologische Spitzfindigkeit, wenn nicht gar nur als reformierte Marotte erscheint, setzt bei näherem Zusehen doch ein ganzes Bündel an gewichtigen Glaubensinhalten frei.

Da ist zunächst die Person des Pilatus. Dass diese historische Gestalt überhaupt namentlich Eingang in das Glaubensbekenntnis gefunden hat, ist nicht ohne Bedeutung. Zeigt sie doch, dass sich Gottes Menschwerdung nicht in einem „luftleeren Raum", sondern wirklich in Raum und Zeit unserer Geschichte ereignet hat. Gottes Menschwerdung ist keine Idee, kein Mythos, kein philosophisches Prinzip, keine „ewige Wahrheit". Sie ist ein Geschehen unserer Geschichte, unserer Wirklichkeit. Ähnlich den bereits bei der Geburt Jesu namentlich erwähnten historischen Personen – Kaiser Augustus und Statthalter Quirinius (Lukas 2,1f) – steht auch hier der historisch verbürgte Pontius Pilatus für die Tatsächlichkeit des Geschehens, in welchem Gott seiner Welt und seinen Menschen nahe kommt.

Ein Glaube an diesen Gott wird sich also grundsätzlich der Welt nicht entziehen können. Wer meint, sich angewidert von der Welt in vermeintlich fromme Wagenburgen flüchten zu müssen, sollte an dieser Stelle des Glaubensbekenntnisses besser schweigen. Es sollte dann aber vielleicht auch nicht mehr davon reden, dass „das Wort Fleisch wurde und unter uns wohnte" (Johannes 1,14). Er sollte sich am Ende vielleicht sogar einen anderen, einen esoterischen Christus suchen. Die Bibel könnte er dabei allerdings getrost zugeschlagen lassen.

Doch Pontius Pilatus steht nicht nur für die tatsächliche Welt, in der wir leben. Er steht für die Welt, die Jesus Christus – sei's aus Gleichgültigkeit, sei's aus Hass – grundsätzlich ablehnend gegenübersteht. Im Haus des Pilatus stehen sich in der Tat zwei Welten gegenüber: die Welt menschlicher Gewalt und die Welt göttlicher Liebe. Nicht dass es hier um zwei ebenbürtige Kontrahenten ginge. Auch Pilatus hätte keine Macht, so hören wir aus Jesu Mund, „wenn es dir nicht von oben her gegeben wäre" (Johannes 19,11). Aber zur radikalen Menschwerdung Gottes gehört es, dass er sich nicht nur in die Welt, sondern eben auch in die Welt menschlicher Machtausübung begibt. Dass er sich der menschlichen Ablehnung bis hin zur tödlichen Gewalt aussetzt.

Ein Glaube an diesen Gott wird sich also nicht nur auf die Welt einzulassen, er wird selber auch immer wieder mit Ablehnung von Seiten der Welt zu rechnen haben. Er wird ihr weder zu gefallen suchen, noch der süßen Versuchung widerstehen, sich selbst als eine Art „Wohlfühlreligion" misszuverstehen. Der Pilatusse sind viele – auch heute noch. Ihnen tapfer die Stirn zu bieten, ist Glaubenssache. Paulus nennt das „den guten Kampf des Glaubens" (1.Timotheus 6,12). So hart das klingen mag – wir könnten es an dieser Stelle nicht besser sagen.

„Gelitten unter Pontius Pilatus". Es bedarf nicht unbedingt der künstlichen Pause nach „gelitten", um deutlich zu machen, dass in der Tat das ganze Leben Jesu unter dem Vorzeichen des Leidens steht. Pilatus ist ja nicht nur Statthalter des Kaisers, sondern auch Statthalter einer ganzen Welt, die Jesus Christus ablehnt. Das „gelitten" als Charakterisierung des ganzen Lebens Jesu zeigt, dass es sich beim Leiden Christi nicht um eine unangenehme Begleiterscheinung, sondern um ein „Muss", also um ein zielgerichtetes Geschehen handelt. Nur um dieses Ziels willen leidet er. Sein leidvolles Leben stellt keine grundsätzliche Verherrlichung des Leidens dar. Es ist deshalb einem alten christlichen Irrtum entschieden zu wehren, wonach ein leidvolles Leben als solches schon wertvoll, gar gottgewollt sei. Gott will nicht das Leid seiner Menschen. Sonst wäre Jesu vielfältiger Kampf gegen das Leid – die Heilung der Kranken, die Sättigung der Hungernden, die Suche nach den Verlorenen – ja völlig widersinnig.

Und so wird auch der Glaube in der Nachfolge dieses Einen das Leid nicht mutwillig, sozusagen „masochistisch" aufsuchen. Er wird dem Leid aber da, wo es um Christi willen geboten ist, auch nicht ausweichen dürfen. „Selig sind, die um der Gerechtigkeit willen verfolgt werden", heißt es in der Bergpredigt. Und weiter: „Selig seid ihr, wenn euch die Menschen um meinetwillen schmähen und verfolgen und allerlei Böses gegen euch reden und dabei lügen." (Matthäus 5,10) Die christlichen Märtyrer aller Zeiten – von dem gesteinigten Stephanus bis zu dem gehenkten Dietrich Bonhoeffer – liebten wahrhaftig nicht ihr Leid. Sie liebten Christus und seine Gerechtigkeit. Nur um dessentwillen willigten sie in ihren Leidensweg ein. Dieses „um willen" macht den Unterschied.

Ob sich Frau Versteegen mit ihrem Anliegen einer „richtigen" Pause beim Aussprechen des Glaubensbekenntnisses in ihrer Gemeinde wird durchsetzen können, wissen wir nicht. Manchmal haben die Gewohnheiten, auch die Sprechgewohnheiten doch ein arg kräftiges Beharrungsvermögen. Aber wer hindert Frau Versteegen und andere eigentlich daran, beim Aussprechen des „gelitten unter Pontius Pilatus" wenigstens das „Richtige" zu denken? Und wer hindert eigentlich eine Gemeinde daran, einmal eine vermeintliche Marotte zum Anlass zu nehmen, um miteinander neu ins Gespräch zu kommen? An gewichtigen Inhalten, über die es sich nachzudenken lohnt, mangelt es ja wahrhaftig nicht.

Manchmal hat es eben doch Sinn, den Hund ins Wohnzimmer zu lassen.

X. „GEKREUZIGT, GESTORBEN UND BEGRABEN, HINABGESTIEGEN IN DAS REICH DES TODES“

Eine Ungeheuerlichkeit, die uns zugutekommen soll

1. „Keine Ahnung“

„Wie findest du eigentlich meine neue Kette?“ Stolz hält mir Jennifer ihren jugendlichen Hals entgegen. Wir sitzen gerade in der Eisdiele am Rande der Fußgängerzone und lassen es uns wohl sein. Neugierig geworden, nehme ich das zarte Gebilde oberhalb ihres sommerlichen T-Shirts ein wenig näher in Augenschein. Viele in sich geschwungene winzige Ringe reihen sich zu einem wahren Meisterwerk der Goldschmiedekunst, an dessen unterem Ende ein kleines Kreuz hängt. „Hat mir Claudio geschenkt. Zum Geburtstag. Ist doch cool. Oder?“

„Es steht dir gut“, sage ich mit aller mir zur Verfügung stehenden Aufrichtigkeit. „Was ich immer nicht verstehe, ist, wie man diese vielen feinen Glieder so ineinander hängen kann, dass das Ganze immer noch leicht und geschmeidig wirkt. Wirklich toll. Da hat sich der Claudio aber mächtig ins Zeug gelegt.“ Jennifer lächelt ein wenig verlegen. „Aber warum das Kreuz?“, frage ich. „Wenn ich mich recht entsinne, seid ihr beide doch gar nicht so wahnsinnig kirchlich veranlagt.“ „Ach, ich weiß auch nicht so genau“, erwidert Jennifer. „Es ist halt so ein Symbol. Keine Ahnung.“

„Keine Ahnung“. Könnte es sein, dass sich hinter dieser weit verbreiteten Floskel jugendlichen Sprechens ein – womöglich unbeabsichtigter – tieferer Sinn verbirgt? Also dass das Kreuzsymbol von einer gewissen Ahnungslosigkeit umgeben ist, ja dass es uns mittlerweile ziemlich nichtssagend, wenn nicht gar fremd geworden ist? Und das, obwohl es uns seit alters praktisch tagtäglich auf verschiedenste Weise über den Weg läuft. Es gibt ja kaum eine Kirche ohne deutlich sichtbares Kreuz. In unendlich verschiedenen graphischen Varianten begrüßt es uns von den Logos, Briefköpfen und Homepages kirchlicher Einrichtungen. Es baumelt nicht nur an schmucken Halsketten, sondern auch an den Innenspiegeln mancher Autos. Nicht wenige Fußballprofis bekreuzigen sich beim Betreten des Rasens oder nach einem erfolgreichen Torschuss. Bei Wanderungen in südlichen Gefilden begegnen einem auf Schritt und Tritt Weg- und Gipfelkreuze. Und unlängst verfügte der bayerische Ministerpräsident sogar, dass in jedem landesbehördlichen Dienstgebäude ein Kreuz aufzuhängen sei. Kaum ein Grab, kaum eine Todesanzeige ohne Kreuz – auch wenn man wohl nicht in allen Fällen von einem christlichen Hintergrund ausgehen muss. Also: Kreuze, wohin man blickt. Ausdruck einer tiefen Religiosität? Markenzeichen einer „geschichtlichen und kulturellen Prägung“, wie es seinerzeit etwa die bayerische Staatsregierung formulierte? Inflationäres, sinnentleertes Symbol? Oder nur noch bloßes kunstgewerbliches Deko? „Keine Ahnung“.

„Gekreuzigt". Schmucklos und lapidar steht dieses Wort in unserem Glaubensbekenntnis. Es bezieht sich auf Jesus Christus. Was hat es damit auf sich? Und warum wird es noch einmal ergänzt durch „gestorben und begraben, hinabgestiegen in das Reich des Todes"? Keine Ahnung? Darauf wird sich niemand, der die Bibel aufschlägt, so schnell berufen können. Liegen uns doch vergleichsweise ausführliche Berichte über Jesu Ende vor. Doch schon beim ersten flüchtigen Blättern fällt einem auf, dass das dort Berichtete wenig mit schmucken Kettenanhängern, geschmackvoll gestalteten Logos oder von mir aus auch „geschichtlichen und kulturellen Prägungen" zu tun hat. Aber womit denn?

2. Ein Tod, der „redet"

Die Berichte über Jesu Tod am Kreuz nehmen im Neuen Testament einen breiten Raum ein. Sie reichen von den frühen Plänen zu seiner Beseitigung bis zu seiner Grablegung. Darüber hinaus begegnet uns aber auch eine ganze Fülle an Deutungen, wie dieses Ende eigentlich zu verstehen sei. War es bloß das tragische Scheitern eines guten Menschen, oder kommt dem Ereignis von Golgatha noch eine andere Bedeutung zu? Das ist die entscheidende Frage. Dabei ist es hilfreich, grundsätzlich zwei Ebenen zu unterscheiden. Nennen wir sie einmal vorläufig: die „historische" und die „deutende".

Historisch gesehen wissen wir, dass die Kreuzigung eine in der gesamten Antike, dann aber vor allem von den Römern praktizierte Hinrichtungsart war. Sie war besonders grausam, da der Hingerichtete meist einem langen und qualvollen Todeskampf ausgesetzt war. Zudem galt sie allenthalben als besonders schändlich und war deshalb in der Regel nur für Sklaven, Fremde und Hochverräter vorgesehen. Nach dem gescheiterten jüdischen Aufstand gegen die Römer im Jahr 70 n. Chr. soll Jerusalem, wie es in den historischen Zeugnissen heißt, „von einem Wald von Kreuzen umgeben" gewesen sein. Das war insofern zusätzlich demütigend, als nach einem Wort aus dem Alten Testament ein „am Holz Aufgehängter" nicht nur als einer unter Menschen in Schande Geratener, sondern zudem als ein „bei Gott Verfluchter" (5.Mose 21,23) galt. Das alles sollte man wissen, bevor man sich des Näheren mit dem Kreuzestod Jesu beschäftigt.

Über die historische Tatsache dieses Todes müssen wir nicht lange streiten. Jesu Hinrichtung am Kreuz ist nicht nur im Neuen Testament vielfach bezeugt, sondern auch in verschiedenen nichtchristlichen Quellen der damaligen Zeit glaubwürdig belegt. Der historisch auszumachende *Grund* für dieses gewaltsame Ende ist offenbar ein doppelter: ein religiöser und ein politischer.

Der *religiöse* Grund für Jesu Hinrichtung tritt vor allem in den Sabbatkonflikten zutage (vgl. z. B. Markus 3,1-6). Seine souveräne Auslegung der göttlichen Gebote als eine den Menschen nicht knechtende, sondern ihm dienende Gabe Gottes kommt einer fundamentalen Kritik am religiösen System seiner Zeit gleich. Mehr noch: Jesus spricht zudem in göttlicher Vollmacht Vergebung der Sünden zu – eine Ungeheuerlichkeit. Und auf die Frage des Hohepriesters, ob er der Sohn Gottes sei, antwortet er lapidar: „Du sagst es" (Matthäus 26,64). Ein sicheres Todesurteil, wie der Fortgang der Passionsgeschichte zeigt – von der religiösen Führung gefordert, von der römischen Administration vollstreckt.

Der *politische* Grund für Jesu Hinrichtung ist ein anderer. Mögen die römischen Behörden auch wenig Zugang zu den religiösen Hintergründen gehabt haben, so doch eine feine Witterung für jedwede Unruhe im Volk. Querulanten sind nun einmal das Allerletzte, was diktatorische Regimes gebrauchen können. So kommt dem römischen Statthalter das „kreuzige, kreuzige ihn" womöglich ganz gelegen. Die Hände in Unschuld waschend nutzt er die günstige Gelegenheit, ein politisches Problem rasch und sauber zu entsorgen. So weit, so schlecht.

Der Kreuzigungsvorgang selbst wird in den Evangelien vergleichsweise detailliert geschildert. Die Berichte sind voller quälender Einzelheiten, voller Dramatik, aber auch bereits voller theologischer Deutungen. Man sollte sie selber in Ruhe nachlesen. Vieles davon finden wir auf manchen Altarbildern, in etlichen musikalischen Passionen oder auch in einigen literarischen und filmischen Verarbeitungen wieder. Niemand, der sich – so oder so – jenem gespenstischen Geschehen von Golgatha aussetzt, wird davon unberührt bleiben. Schon als Kind, so erinnere ich mich, hat mich diese Geschichte im Kindergottesdienst zutiefst erschüttert. Noch heute können mir – etwa bei den entsprechenden Chorälen in Bachs Matthäuspassion – die Tränen kommen.

Nachdem Jesus am Kreuz gestorben ist, wird von ein paar wunderlichen Vorkommnissen berichtet: Der Vorhang im Tempel zerreißt, die Erde bebt, die Sonne verliert ihren Schein, Gräber tun sich auf, und ein heidnischer Hauptmann äußert den bemerkenswerten Satz: „Wahrlich, dieser Mensch ist Gottes Sohn gewesen!" (Markus 15,39) Anschließend sorgt ein angesehener, reicher Ratsherr, Joseph von Arimathia, für ein würdevolles Begräbnis. Um allen Eventualitäten – etwa einem Leichendiebstahl von Seiten der Jünger – vorzubeugen, erwirken die Hohepriester und Pharisäer bei Pilatus die Versiegelung und Bewachung des Grabes.

Soweit die rein äußerlichen Vorgänge, wie sie uns in den Evangelien begegnen und die unser Glaubensbekenntnis mit den Worten „gekreuzigt, gestorben und begraben" zusammenfasst. Bis dahin ist es im Grunde die Geschichte eines grandiosen Scheiterns. Doch man sollte diese Sichtweise nicht mit vermeintlich frommen Argumenten vorschnell beiseiteschieben. Die neutestamentlichen Berichte selbst geben ihr ja zunächst einmal durchaus Raum. So tragen z. B. die Jesus nahestehenden Frauen nach seinem Tod tiefe Trauer. Und auch die Jünger meinen, nach Karfreitag das Jesus-Projekt gewissermaßen „abhaken" zu müssen. Gewiss, es war gut, es war lehrreich, es war vielleicht mitunter auch abenteuerlich und manch einer dankbaren Erinnerung wert, was sie mit ihrem Herrn und Meister erlebt hatten, aber das war's dann auch. So stellen sie resigniert fest: „Wir aber hofften, er sei es, der Israel erlösen werde" (Lukas 24,21). Jesu Mission gescheitert. Sein Ende sinnlos. So sieht es aus, wenn der Tod das letzte Wort hat.

Erstaunlicherweise ist das aber *nicht* das letzte biblische Wort zum Thema „gekreuzigt, gestorben und begraben". Folgen wir weiter den neutestamentlichen Berichten, so gibt es „am dritten Tage" ein Ereignis, das nun ein völliges Umdenken über den Tod Jesu in Gang setzt: *Ostern*. Gott erweckt den Gekreuzigten zu neuem Leben. Seitdem erscheint Jesu Tod am Kreuz mit einem Mal in einem völlig anderen Licht. Wenn Gott Jesus auferweckt hat, dann kann doch sein Tod – so die theologische Logik – nicht völlig sinnlos gewesen sein. Dann muss doch sein elendes Sterben am Kreuz irgendeine *Bedeutung* haben. Aber welche?

Die neutestamentliche Antwort auf diese Frage ist überaus vielfältig. So ist es eben, wenn Menschen sich tiefere Gedanken machen. *Einig* sind sich alle neutestamentlichen Aussagen über den Tod Jesu am Kreuz aber darin, *dass* dieser überhaupt eine Bedeutung, und zwar eine Bedeutung *für uns* hat. Einig sind sie sich auch darin, dass diese Bedeutung unser *Verhältnis zu Gott* betrifft. *Verschieden* sind sie vor allem darin, dass sie ihre Deutungen in z. T. sehr unterschiedliche Worte fassen und mitunter auch von Denkweisen geprägt sind, die uns fremd geworden sind. Wir wagen dennoch einen kleinen Durchgang durch die einschlägigen Texte, indem wir ihre jeweilige Botschaft hier allenfalls andeuten können, wohl wissend, dass jede einzelne von ihnen einer eigenen Vertiefung bedarf.

Am vertrautesten ist uns wahrscheinlich – etwa durch das berühmte „Christe, du Lamm Gottes" aus der Abendmahlsliturgie – die Deutung des Todes Jesu im Bild des *Passalamms*. Im Johannesevangelium etwa heißt es: „Siehe, das ist Gottes Lamm, das der Welt Sünde trägt!" (Johannes 1,29). Das erinnert an ein Ritual während des jüdischen Passamahls im Gedenken an die Befreiung des Volkes Israel aus der Knechtschaft in Ägypten. Mag uns das Bild vom Lamm auch fremd erscheinen, Johannes jedenfalls greift damit ein Motiv auf, mit dem seine Hörer durchaus etwas anzufangen wussten. Seine Botschaft: Jesu Tod hat etwas mit *Befreiung* zu tun. Aber wovon?

Die Antwort darauf finden wir vor allem bei dem Apostel Paulus in dem Bild vom *Sühnopfer*. „Den" – gemeint ist Christus – „hat Gott für den Glauben hingestellt als Sühne in seinem Blut" (Römer 3,25). „Sühnopfer" erinnert an ein anderes jüdisches Ritual, und zwar beim jährlichen Versöhnungstag (Jom Kippur). Stellvertretend für das ganze Volk lädt der Hohepriester die kollektive Schuld auf einen Ziegenbock, also einen sprichwörtlichen „Sündenbock", der dann in die Wüste gejagt wird. Uns vielleicht fremd, den damaligen Hörern aber eine durchaus anschauliche Botschaft: Durch Jesus, den Sündenbock, werden wir frei von Sünde, durch seinen Tod wird *Neubeginn* möglich. Eine weitere Botschaft dabei: Weil er sich an unserer Stelle geopfert hat, braucht es fortan unsererseits keine Opfer mehr.

Noch einmal anders der Hebräerbrief. Auch er schreibt an Menschen, denen jüdisches Denken vertraut ist. Christus wird hier als *„Hohepriester"* bezeichnet. Das meint: Er ist der Mittler zwischen Gott und Mensch. Und nun wird dieses Bild noch einmal in besonderer Weise weitergeführt. Es heißt dort: „Wir haben nicht einen Hohepriester, der nicht könnte mit leiden mit unserer Schwachheit" (Hebräer 4,15). Die Botschaft: Im Kreuzestod Jesu *solidarisiert sich Gott* mit unserem Leiden und unserer Schwachheit, weil er es am eigenen Leibe durchgemacht hat.

Es wäre noch auf mancherlei andere biblische Motive und Bilder zur Deutung des Todes Jesu einzugehen. Der Philipperbrief etwa sieht im Tod Jesu vor allem seine gehorsam erduldete *„Erniedrigung"* (2,8). Der Galaterbrief erinnert an den *„Fluch"* des Kreuzes (3,13). Im Kolosserbrief lesen wir von einem *„Schuldschein"*, der zerrissen ist, und von *„Mächten und Gewalten"*, die durch das Kreuz „ihrer Macht entkleidet" werden (2,14f). Der 1.Timotheusbrief schließlich spricht vom Tod Jesu als einem *„Lösegeld für alle"* (6,2). Und, und, und. Jedes Bild, jedes Motiv verdeutlicht offenbar einen anderen Aspekt, der gewiss ein jeweils eigenes Nachdenken verdiente.

Das Kreuz Christi – historisch gesehen ein Vorgang, den man auf dem Hintergrund der damaligen religiösen und politischen Lage einigermaßen plausibel nachzeichnen kann. Der aber als solcher noch gar keine Bedeutung haben muss. „Das Ereignis des Todes redet nicht“, hat der Theologe Eberhard Jüngel einmal gesagt. Das gilt zunächst einmal auch für den Tod Jesu. Aufgrund von Ostern aber beginnt dieser Tod für die neutestamentlichen Zeugen – o Wunder – nun doch zu „reden“, birgt er – allem Augenschein zum Trotz – eine *Botschaft*. Wir versuchen, sie kurz zusammenzufassen.

Dass Jesus überhaupt „gestorben und begraben“ ist, wie es das Glaubensbekenntnis lapidar formuliert, liegt zunächst einmal schlicht an der Menschwerdung Gottes. In Jesus Christus unterwirft sich Gott eben auch der menschlichen *Sterblichkeit*. „O große Not! Gott *selbst* ist tot“, heißt es ursprünglich in einem alten, später allerdings ein wenig abgemilderten Passionslied (vgl. EG 80,2). Bereits das eine Ungeheuerlichkeit: Der große, lebendige und ewige Gott „gestorben und begraben“ – bereits das Ausdruck einer tiefen Solidarität Gottes mit seinen Geschöpfen.

Doch Jesus stirbt ja nicht nur so, wie jeder Mensch nun einmal sterben muss. Er wird vielmehr „gekreuzigt“, stirbt also einen *gewaltsamen*, einen besonders *grausamen* und zudem völlig *ungerechten* Tod, wie die biblischen Texte berichten. Gott solidarisiert sich also nicht nur „einfach“ mit allen sterblichen Menschen, sondern gleichzeitig im Besonderen mit den Menschen, die Opfer eines gewaltsamen und grausamen Tötens werden, mit allen rechtlos Hingemordeten. Gerade mit ihnen „leidet er mit“, wie es der Hebräerbrief formuliert. Paulus etwa konnte sein eigenes Leiden offenbar nur ertragen, weil er in ihm die

Nähe zum Leiden Christi erkannte: „Wir tragen allezeit das Sterben Jesu an unserm Leibe" (2.Korinther 4,10).

Doch das ist nicht alles. Die Kreuzigung war ja nicht nur eine besonders gewaltsame und grausame Form der Hinrichtung, sie war nach damaligem Verständnis, wie wir gesehen haben, auch mit einer besonderen *Schande,* ja mit einem *Fluch* belastet. Jesus Christus, der Sohn Gottes – von Gott verflucht. Oder, wie Paulus es formuliert, „für uns zur Sünde gemacht" (2.Korinther 5,21). Dieser Fluch bricht sich in erschütternder Weise in Jesu Schrei am Kreuz Bahn: „Mein Gott, mein Gott, warum hast du mich verlassen?" (Markus 15,34). Gottes Solidarität nicht nur mit allen Sterblichen, nicht nur mit allen gewaltsam und entrechtet Getöteten, sondern mehr noch: mit allen Gottverlassenen – das ist wohl die tiefste Botschaft des Kreuzes. Die alte Fassung unseres Glaubensbekenntnisses hat diese Abgründigkeit mit der Formulierung „niedergefahren zur Hölle" noch bewahrt. Ob es klug war, sie vor Jahren in das heute gebräuchliche „hinabgestiegen in das Reich des Todes", das ja sinngemäß nichts anderes als „gestorben" besagt, abzumildern, sei dahingestellt.

Für die österliche Gemeinde bleibt also Jesu Tod nicht stumm. Er enthält vielmehr die fundamentale Botschaft, dass den Menschen das Geschehen von Golgatha *zugutekommt.* Darauf weist nicht zuletzt das mehrfache „für euch" (1.Korinther 11,24; Lukas 22,19) bzw. „für viele" (Markus 14,24; Matthäus 26,28) in den bekannten Abendmahlsworten hin. Der „Gewinn" dieses Geschehens: Was auch immer durch unser Verhalten zwischen uns und Gott stehen mag, es ist im Kreuz Christi zunichte gemacht. Paulus spricht hier eindringlich von *„Versöhnung"* (vgl. 2.Korinther 5,11ff). Wohlgemerkt: Nicht Gott muss durch das

„Opfer“ seines Sohnes am Kreuz versöhnt werden – ein altes theologisches Missverständnis. Vielmehr sind wir es, die Versöhnung nötig haben und – im Kreuz tatsächlich geschenkt bekommen.

3. Bleibende Zumutung

Wer sich in das „gekreuzigt“ unseres Glaubensbekenntnisses vertieft, bekommt es mit einer überaus gewichtigen Botschaft zu tun. Mag uns die Begrifflichkeit, mit der diese Botschaft im Neuen Testament zum Ausdruck gebracht wird, hier und da fremd erscheinen, für die damalige Gemeinde waren es durchaus vertraute Worte. Wenn die Evangelisten, Paulus und andere etwa von „Lamm“, von „Opfer“ oder von „Lösegeld“ sprechen, so „schauen“ sie also auf ihre Weise gewissermaßen „dem Volk aufs Maul“. Wir müssen es auf unsere Weise tun. Es reicht jedenfalls nicht, die alten Worte einfach nur zu rezitieren. Wir müssen versuchen, das jeweils *Gemeinte* zu verstehen, um es dann vielleicht auch einmal mit unseren Worten zu sagen.

Bei der Betrachtung der neutestamentlichen Texte haben wir zwei Ebenen unterschieden: die „historische“ und die „deutende“. Dabei bietet bereits die „historische“ genügend Anlass zum Nachdenken. Zumindest ist uns ein solcher Vorgang nicht ganz fremd. Tausendfach zieht sich durch die Geschichte bis heute die Blutspur von Menschen, die mutig und unerschrocken für ihre Sache eingetreten und so zu unschuldigen Opfern von politischen oder auch klerikalen Machenschaften geworden sind. Es ist die Geschichte der *Märtyrer*. Wir tun gut daran, ihre Geschichten nicht in Vergessenheit geraten zu lassen. Auf diese Weise lassen wir ihnen wenigstens im Nachhinein Ehre zukommen, nicht zuletzt auch dadurch, dass wir versuchen, die Ideale, für die sie gelebt und gelitten haben, wachzuhalten.

Ist der Tod Jesu so zu verstehen? Es würde von der Besonderheit seiner Person und Sendung wahrhaftig nichts wegnehmen, wenn wir diesen unerschrockenen Zimmermannssohn aus Nazareth *auch* so verstünden. Wer Jesus einfach nur in einer Reihe etwa mit einem Jan Hus, einer Sophie Scholl oder einem Martin Luther King sieht, hat ja nicht rundweg unrecht. Jesus erscheint zunächst einmal in der Tat als einer unter vielen, die um einer Sache willen, von der sie überzeugt sind, in den Tod gehen. Wir tun unserem Glauben überhaupt keinen Abbruch, wenn wir sagen: Solche Menschen – auch der Mensch Jesus – sind und bleiben auch uns Vorbild. Sehr viele haben wir ja nicht davon.

Doch die biblischen Texte muten uns noch etwas weit darüber Hinausgehendes zu. Jesu Tod, so sagen sie, ist unter den vielen unschuldigen Toden dieser Welt noch einmal etwas Besonderes, ja etwas Einmaliges. An ihm erkennen wir nämlich, wie es um unser Verhältnis zu Gott bestellt ist. Diese grundlegende Botschaft begegnet uns im Neuen Testament in der Tat in mehreren, auch unterschiedlichen Bildern und Deutungsmotiven des Kreuzesgeschehens. Dass das Neue Testament hier überhaupt verschiedene Deutungen zulässt, zeigt bereits, dass es biblisch gar nicht vorgesehen ist, irgendeine davon zu der dogmatisch ausschließlich „richtigen“ zu erklären. Die Fülle dieser Deutungen ist allerdings auch kein theologisches Büffet, bei dem man meint, sich dasjenige Verständnis des Todes Jesu herausgreifen zu können, das sich etwa am ehesten mit dem eigenen Gottesbild zusammenreimt. Die Fülle jener Deutungen darf man vielmehr getrost als eine unmissverständliche

Aufforderung verstehen, auf durchaus verschiedenen, auch ungewöhnlichen Wegen einen Zugang zu jenem Geschehen auf Golgatha zu gewinnen. In manchen Gemeinden gibt es jedes Jahr besondere Passionsandachten. Ihre Absicht ist nicht, dieses Geschehen ständig „wiederzukäuen", sondern ihm immer wieder neue Aspekte abzugewinnen.

Es wäre jedenfalls eine ungeheure geistliche Verarmung, wollten wir die sperrigen Deutungsmotive des Kreuzes, etwa das des „Opfers" oder des „Schuldscheins", aus jener Fülle entfernen, weil sie vermeintlich dem Menschen von heute als „nicht mehr zumutbar" erscheinen. Um Himmels willen! Heute ist dem einen die Vorstellung eines „Sündenbocks" nicht mehr zuzumuten, morgen einer anderen die des „vergossenen Blutes". Am Ende bleibt ein Kreuz, das niemanden mehr erschreckt, niemanden mehr schmerzt, niemanden mehr heilsam irritiert. Und wo man sich nicht zu wundern braucht, wenn es schließlich nur noch als harmloses „Keine-Ahnung"-Deko an Jennifers Hals baumelt.

XI. „AM DRITTEN TAGE AUFERSTANDEN VON DEN TOTEN“

Machtvoller Eingriff in eine Welt des Todes

1. Von blühenden Zweigen und guten Freunden

Pfarrerin Kurowski ist immer für eine Überraschung gut. Heute hat sie einen blühenden Forsythienzweig mit in den Gottesdienst gebracht. Es ist Ostersonntag. Nachdem die ganz Unentwegten unter uns bereits in den frühen Morgenstunden eine Osternacht mit vielen Kerzen gefeiert und anschließend ein ausgiebiges Osterfrühstück zu sich genommen haben, ist es jetzt an uns Älteren, uns einer ordentlichen Osterpredigt zuzuwenden. Aber warum um alles der Forsythienzweig? Pfarrerin Kurowski lässt uns nicht lange im Ungewissen. Rhetorisch geschickt knüpft sie wie immer an etwas an, das wir alle kennen. An diesem Sonntag ist es der eben beginnende Frühling mit seinen vielen aufbrechenden Knospen.

„Vielleicht haben Sie selber einen Garten oder Balkon oder sind in diesen Tagen schon einmal durch die Felder gestreift.“ Ja, sind wir. „Überall blüht und grünt es ja zurzeit“, fährt sie fort, „dass es eine wahre Pracht ist.“ Wir können Pfarrerin

Kurowski ohne größere Anstrengung folgen. „Sicher haben Sie sich schon gewundert, aber ich habe Ihnen da mal etwas mitgebracht.“ Einige merken nun sichtlich auf, während sich die Pfarrerin kurz zum Altar umwendet, um uns eben jenen blühenden Forsythienzweig zu präsentieren. „Ich denke, alle können ihn gut sehen.“ Im Kirchenraum recken sich ein paar Köpfe. Ja, können wir. „Vielleicht haben Sie sich beim Reinkommen schon ein wenig gefragt“, mutmaßt Frau Kurowski jetzt, „was es mit diesem Forsythienzweig überhaupt auf sich hat. Nun, heute ist Ostern.“

Ostern? Richtig, wir haben ja zu Beginn des Gottesdienstes miteinander ein frisches Osterlied gesungen: „Wir wollen alle fröhlich sein in dieser österlichen Zeit ...“ „Österliche Zeit“, so erläutert nun die Pfarrerin, „das ist die Zeit der Blüte, die Zeit neu erwachenden Lebens, die Zeit des Aufbruchs. Ja, Ostern ist das Fest des Lebens.“ Es gäbe da ein sehr schönes neues Lied, in dem es heiße:

> „Freunde, dass der Mandelzweig
> sich in Blüten wiegt,
> bleibe uns ein Fingerzeig,
> wie das Leben siegt.“ (EG 651)

Während sie noch spricht, hat unser Kantor schon in die Tasten gegriffen. Leicht gehen uns Text und geschmeidige Melodie über die Lippen: „... doch des Lebens Blütensieg leicht im Winde weht.“

Bei der anschließenden Predigt geizt Pfarrerin Kurowski nicht mit weiteren eindrücklichen Beispielen aus dem Alltag, an denen deutlich werden soll, „wie das Leben siegt“. Von einer

Schülergruppe berichtet sie, die am Rande des Schulhofs eine Öko-Wiese angelegt hätte. Von einem Waisenkind aus Syrien, dem von einer Familie in der Gemeinde Zuflucht gewährt worden sei. Von einer Frau, die nach dem Tod ihres Mannes aufgrund der Unterstützung durch gute Freunde wieder Mut geschöpft habe. Hier überall ereigne sich „ein Stück Ostern, ein Stück Aufbruch, ein Stück neues Leben". Ob Forsythienzweig aus ihrem Pfarrgarten oder Mandelzweig wie in dem Lied – allemal kleine Fingerzeige, „wie das Leben siegt", wie es eben heiße. „Ostern – das Fest des Lebens. Amen."

Bei den späteren Abkündigungen werden wir noch zu einem „österlichen Beisammensein" bei Kaffee und Kuchen im Anschluss an den Gottesdienst eingeladen. Für die Kinder habe man ein Ostereiersuchen vorbereitet. Das Ei sei ja im Übrigen auch ein uraltes Symbol des Lebens. Wer wolle, könne beim Hinausgehen dem anderen ja einfach mal „frohe Ostern" wünschen. Und nun wäre es schön, wenn wir zum Schluss noch gemeinsam – vielleicht, wer möge, auch gerne im Stehen – „Christ ist erstanden ..." singen könnten.

2. Gott selbst am Werk

„Am dritten Tage auferstanden von den Toten", so lautet die schmucklose Osterbotschaft unseres Glaubensbekenntnisses. Die Rede ist allerdings nicht von einem blühenden Mandelzweig oder guten Freunden, sondern von Jesus Christus. Von *ihm* heißt es mehrfach in der Bibel: „Er ist auferstanden." Über die näheren Umstände seiner Auferstehung erfahren wir etwas an verschiedenen Stellen im Neuen Testament.

Den vermutlich ältesten Text finden wir beim Apostel Paulus. Er schreibt an die Gemeinde in Korinth, „dass Christus gestorben ist für unsre Sünden nach der Schrift; und dass er begraben worden ist; und dass er auferweckt worden ist am dritten Tage nach der Schrift" (1. Korinther 15,3f). Er beruft sich dabei auf Menschen, denen der auferstandene Christus, wie es heißt, „erschienen" ist: Petrus, den anderen Jüngern und schließlich nicht genauer bezeichneten „fünfhundert Brüdern". Ganz zuletzt sogar ihm, Paulus, selbst. Das ist umso bemerkenswerter, als Paulus Jesus ja nie direkt begegnet ist. Nach einem Bericht in der Apostelgeschichte sah Paulus nur ein „Licht vom Himmel" und hörte daraus die Stimme des Auferstandenen: „Ich bin Jesus" (Apostelgeschichte 9,5). Man fragt sich: Was ist seit der schrecklichen Hinrichtung am Kreuz eigentlich passiert, dass es zu solchen Äußerungen kommt?

Darüber geben vor allem die Evangelien Auskunft, mehr oder weniger übereinstimmend. Es geht zunächst um ein Datum: Der von Paulus erwähnte „dritte Tag" ist – Karfreitag mitgerechnet – der (nach jüdischer Zählung) „erste Tag der Woche" (Markus 16,2), also unser späterer Sonntag. Geschildert wird, wie sich mehrere Frauen zum Grab Jesu aufmachen. Offenbar haben sie sich mit seinem Tod abgefunden. Deshalb wollen sie nicht mehr, als ihm nach religiöser Sitte ihres Volkes die letzte Ehre erweisen, nämlich seinen Leichnam salben. Als sie zum Grab kommen, finden sie dieses leer vor. Markus erwähnt nun einen dort sitzenden Jüngling – bei Matthäus ist es ein Engel (28,2), bei Lukas sind es „zwei Männer mit glänzenden Kleidern" (24,4) – mit der Mitteilung: „Ihr sucht Jesus von Nazareth, den Gekreuzigten. Er ist auferstanden, er ist nicht hier." (Markus 16,6) Die Reaktion der Frauen: Sie fliehen vom Grab,

„denn Zittern und Entsetzen hatte sie ergriffen" (16,8). Ein Happy End sieht sicher anders aus.

Kurze Zeit später kommt es tatsächlich zu den verschiedenen bei Paulus bereits erwähnten Begegnungen mit dem Auferstandenen. Aber merkwürdig: Auf etlichen dieser Begegnungen lastet ein eigenartiger Schleier des Nichterkennens, des Zweifelns, ja sogar des baren Unglaubens. Maria Magdalena z. B. hält den auferstandenen Jesus für den Friedhofsgärtner (Johannes 20,15). Einer der Jünger, Thomas, will erst einmal seine Finger in Jesu Nägelmale legen, bevor er dessen Auferstehung Glauben schenkt (20,25). Von zwei weiteren Jüngern wird berichtet, dass ihre Augen bei der Erstbegegnung mit dem Auferstandenen „gehalten wurden, dass sie ihn nicht erkannten" (Lukas 24,16). Schließlich werden die Jünger insgesamt von Jesus selbst wegen ihres „Unglaubens und ihres Herzens Härte" rüde gescholten (Markus 16,14). Das alles ist umso merkwürdiger, als Jesus für diese Menschen ja nicht irgendein Unbekannter war. Sie alle kannten ihn ja seit Jahren, waren täglich mit ihm zusammen gewesen. Und nun – nach seiner Auferstehung – erkennen sie ihn nicht mehr? Wie kann das?

Offensichtlich ist es so, dass Jesus wohl derselbe wie vorher ist, nämlich „der Gekreuzigte", aber gleichzeitig zumindest seiner äußeren Erscheinung nach auch ein anderer, auf den ersten Blick nicht Erkennbarer. Ist dieser eigenartige Sachverhalt etwa ganz einfach, sozusagen „psychologisch" zu erklären? So wie man ja manchmal einen alten Bekannten auf der Straße auf den ersten Blick – warum auch immer – gar nicht wiedererkennt? Nimmt man aber einmal die ganze „Stimmung" dieser Erzählungen auf, so hat man eher den Eindruck, dass jene Erkenntnisblockade mehr ein Zeichen dafür ist, dass hier etwas ganz Ungewöhnliches geschehen war. Etwas, mit dem niemand gerechnet hatte. Ja, ein Zeichen dafür, dass hier *Gott selbst* am Werk war. Deshalb ist an verschiedenen Stellen auch nicht nur von „Aufer*stehung*", sondern von „Aufer*weckung*" die Rede (z. B. Kolosser 2,12; 1.Thessalonicher 1,10; 1.Petrus 1,21). Gott selbst ist in der Auferstehung Christi der Aktive. Er, der Schöpfer des Himmels und der Erde, ist es, der allein mächtig ist, dass er „die Toten lebendig macht und ruft das, was nicht ist, dass es sei" (Römer 4,17). Ostern ist das – so wohl nur der Schöpfung gleichkommende – machtvolle Eingreifen Gottes in eine Welt des Todes, der Gewalt und der Gottverlassenheit. Wer sollte das auf den ersten Blick begreifen?

Dieser Schleier des Nichterkennens wird dann allerdings doch zerrissen, und zwar da, wo der Auferstandene die Seinen direkt *anspricht*. So erkennt Maria Magdalena in dem vermeintlichen Friedhofsgärtner erst dann ihren vertrauten „Meister", als der sie namentlich mit „Maria" anredet (Johannes 20,16). So verlieren die vom Grab fliehenden Frauen erst dann ihre Furcht, als Jesus ihnen selbst begegnet und sie begrüßt: „Fürchtet euch nicht!" (Matthäus 28,10) So werden auch den beiden verblendeten Jüngern auf dem Weg nach Emmaus erst dann „die Augen geöffnet", als Jesus bei Tisch „das Brot nahm, dankte, brach's und ihnen gab" (Lukas 24,30f), eine „sprechende" Zeichenhandlung. Nicht ohne Grund werden die Reformatoren später das Abendmahl als „sichtbares *Wort*" verstehen. Schließlich auch der Apostel Paulus, dem der Auferstandene so begegnet, dass er eine „Stimme" hört: „Ich bin Jesus" (Apostelgeschichte 9,5).

Es ist nun bemerkenswert, dass die biblischen Osterberichte den *Vorgang* der Auferstehung selbst gar nicht weiter beschreiben. Die vielfach gestellte Frage, wie man sich das Ganze überhaupt vorzustellen habe, wird – abgesehen von der merkwürdigen Verschwörungstheorie der Hohenpriester, der Leichnam Jesu sei von seinen Jüngern gestohlen worden (vgl. Matthäus 28,13) – im Neuen Testament nirgendwo beantwortet. Alle Aufmerksamkeit der Berichte liegt vielmehr auf dem *Dass*, nicht auf dem *Wie* der Auferstehung.

Und nicht zuletzt auf ihrer *Wirkung*. Ostern bleibt nämlich nicht ohne Folgen. Die unmittelbare: Die Menschen, die dem Auferstandenen begegnen, *erzählen* davon. Als Erste – einmal wieder – die Frauen (vgl. Lukas 24,9), später auch die beiden Emmausjünger (vgl. Lukas 24,35). Sehr viel später erst die anderen Getreuen. Auch Paulus wird ja erst durch die Begegnung mit dem Auferstandenen zum Verkünder des Evangeliums. Er ist es dann auch, der der Auferstehung Christi darüber hinaus noch eine ungleich gewichtigere Bedeutung beimisst. Sie hängt zusammen mit der unverbrüchlichen Schicksalsgemeinschaft Jesu mit den Seinen. „Wir sind mit Christus", schreibt er, „begraben durch die Taufe in den Tod, auf dass, wie Christus auferweckt ist von den Toten ... auch wir in einem neuen Leben wandeln" (Römer 6,4). Dabei bezieht sich dieses „neue Leben" sowohl auf die uns verheißene Auferstehung *nach* dem Tod (vgl. 1.Korinther 15,12ff) als auch auf ein bereits jetzt schon mögliches, „anderes" Leben *vor* dem Tod: „Mit Christus *seid* (Gegenwartsform!) ihr auch auferstanden" (Kolosser 2,12). Diese Auferstehung vor dem Tod ist schlicht ein Leben im Glauben, in der Hoffnung und in der Liebe (vgl. 1.Korinther 13). Wie das im Einzelnen aussehen kann, wird dann in praktisch allen Briefen des Apostels an etlichen Beispielen ziemlich konkret entfaltet. Immer geht es darum, sich „nicht dieser Welt gleichzustellen" (Römer, 12,2), also Zeichen zu setzen für jene neue, andere Welt Gottes, die mit Christi Auferstehung bereits angebrochen ist, deren Vollendung allerdings noch aussteht.

3. Keine Allerweltsweisheit

Diskussionen darüber, wie man das „am dritten Tage auferstanden von den Toten" eigentlich zu verstehen habe, fixieren sich häufig fast zwanghaft auf die Frage: War das Grab nun leer oder nicht? Dabei fällt auf, dass, egal, welche Position man in dieser Frage einnimmt, der Streit darüber meist fruchtlos endet. Der eine oder andere mag dann zwar das Gefühl haben, dass er in dieser Sache schon immer recht gehabt hat, nun gut. Aber man kann auch fragen, ob die Antwort auf die Frage „Grab leer oder nicht?" überhaupt irgendeine weitere Bedeutung für das Leben der Betroffenen hat. Gar für die Existenz der Welt. Oder war es wieder einmal nicht mehr als ein stroherner Disput unter Besserwissern?

An den einschlägigen biblischen Texten ist uns indes aufgefallen, dass sie offensichtlich kein größeres Interesse an dem äußeren Vorgang der Auferstehung Jesu haben. Ihr ganzes Gewicht liegt vielmehr auf dem *Dass* und den *Folgen* der Auferstehung. Es soll offenbar deutlich werden, dass sich „am dritten Tage" etwas Grundstürzendes ereignet hat. Aufgefallen ist uns auch, dass dieses grundstürzende Ereignis, nämlich die Auferstehung Christi, merkwürdigerweise auch von seinen Vertrautesten, also den Frauen und den Jüngern, nicht sogleich als solches erkannt wird. Jenseits aller psychologischen Erklärungsversuche scheint dieser Schleier des Nichterkennens eher ein Zeichen dafür zu sein, dass wir es bei der Auferweckung

Christi durch Gott mit einem großen *Geheimnis* zu tun haben, für das es – außer der Liebe Gottes – keine „Erklärung" gibt. Statt wilde Spekulationen über das „Wie" anzustellen, ist es vielleicht angemessener, dieses Geheimnis so, wie es nun einmal bezeugt ist, einfach stehen zu lassen und uns mehr mit seiner *Botschaft* auseinanderzusetzen.

Die Grundbotschaft des Osterereignisses ist zweifelsohne: Gott überlässt dem Tod nicht das letzte Wort. An der Auferweckung Jesu wird in machtvoller Weise demonstriert, dass Gott „nicht ein Gott der Toten, sondern der Lebenden" ist (Lukas 20,38). Wenn wir überlegen, welch vielfältige Rolle der Tod in unserem Leben und in unserer Welt spielt, wie sehr wir ihm – vom Persönlichen bis ins Politische – das Feld überlassen, ja welch zerstörerische Gewalt er tagtäglich auf unserer Erde ausübt, dann bekommt die grundlegende Botschaft von Ostern in der Tat ein anderes, ein bedrängendes, ein überaus aktuelles Gewicht. Unmittelbar unter dem Eindruck des Dreißigjährigen Krieges mit seinen Tausenden von schrecklichsten Toden dichtete Johann Franck:

„Trotz dem alten Drachen,
Trotz dem Todes Rachen,
Trotz der Furcht dazu!
Tobe, Welt, und springe;
ich steh hier und singe
in gar sichrer Ruh.
Gottes Macht hält mich in acht,
Erd und Abgrund muss verstummen,
ob sie noch so brummen." (EG 396,3)

So singt jemand, für den es über das Hören der biblischen Osterbotschaft zu einer Begegnung mit dem lebendigen Gott selbst gekommen ist. Man mag also über die Auferstehung Jesu grübeln, wie man will, wenn es nicht zu einer solchen „sprechenden“ Begegnung kommt, ist unser Bekenntnis zur Auferstehung Jesu leeres Stroh.

Aufgefallen ist uns auch, dass für die damals Beteiligten diese Begegnung nicht folgenlos geblieben ist. Sie haben für ihr eigenes Leben eine neue Hoffnung geschöpft, nämlich dass die „Auferstehung der Toten“ nun auch für sie gilt. Sie haben versucht, in ihrem Leben schon jetzt deutliche Zeichen für ein mögliches „anderes Leben“ zu setzen. Und sie haben das alles nicht für sich behalten, sondern einer Welt, ob sie es denn hören wollte oder nicht, lauthals und voller Freude mitgeteilt. Wollten wir auch nur ansatzweise das eine oder andere davon in die Tat umsetzen, wir könnten die Diskussion um das „leere Grab“ getrost auf sich beruhen lassen.

Nichts gegen Pfarrerin Kurowskis Fähigkeit, in der Predigt auf anschauliche Weise an Alltagserfahrungen anzuknüpfen. Aber in Sachen Ostern müssen wir ihr doch widersprechen. In der Auferstehung Christi geht es gerade nicht um ein Beispiel für das „Gesetz der ewigen Wiederkehr“, wonach – frei nach Goethe – einem jeglichen „Stirb“ ein jeweiliges „Werde“ folgt und so fort. Oder, um es mit Udo Jürgens zu sagen, selbst nach unerfüllten Träumen oder dunklen Schicksalsschlägen „immer, immer wieder die Sonne aufgeht“.

Unabhängig davon, ob diese Allerweltsweisheit überhaupt der Realität entspricht – in der Auferstehung Christi geht es jedenfalls nicht um eine Erfahrung, die wir schon immer gemacht haben. Es geht in ihr vielmehr um ein Ereignis, in welchem Gott in ganz einmaliger, unverwechselbarer und deshalb für uns auch überaus geheimnisvoller Weise in die Geschichte eingreift. Statt mit einem blühenden Forsythienzweig ein Geheimnis zu lüften, das letztlich gar keins ist, hätte Pfarrerin Kurowski vielleicht einfach nur Ostern ein wenig „sprechen" lassen können. Hätte etwa ein wenig von jenen Frauen erzählen können. Von ihrer Trauer, ihrem „Zittern und Entsetzen". Aber dann auch von ihrer Freude und ihrem neuen Mut. Und auch, wie es womöglich mit ihnen weitergegangen ist. Bis heute.

Auf ein anschließendes österliches Kaffeetrinken, von mir aus auch Eiersuchen, muss deshalb ja noch lange nicht protestantisch verbissen verzichtet werden.

XII. „AUFGEFAHREN IN DEN HIMMEL, ER SITZT ZUR RECHTEN GOTTES, DES ALLMÄCHTIGEN VATERS“

Zur Abwechslung eine Predigt zum Himmelfahrtstag

(Apostelgeschichte 1,6–12)

In der kleinen Kapelle, die ich soeben betreten habe, ist es ganz still. Für ein paar Minuten habe ich das Dorfgetümmel irgendwo im Oberitalienischen hinter mir gelassen und sitze ruhig in der zweiten Bank. Spätnachmittag. Von draußen fällt spärlich etwas Licht der abendlichen Sonne in den halbdunklen Raum. Bald haben sich meine Augen an das Innere gewöhnt. Neben allerlei Heiligenfiguren, Kreuzen und Kerzen erkenne ich über dem Altar ein merkwürdiges Bild. Es ist in einfachen, etwas groben Strichen gehalten. Bauernmalerei des 18. Jahrhunderts halt, so vermute ich. Abgebildet sind ein paar Männer, die verschreckt nach oben blicken. Dort am Himmelsrand sind zwei Füße zu sehen, deren dazugehöriger Körper bereits hinter den Wolken verschwunden ist.

Unwillkürlich muss ich innerlich ein wenig schmunzeln. Diese naive Frömmigkeit hat doch auch etwas Rührendes an sich. So stellt sich also das schlichte Gemüt Himmelfahrt vor:

hochgereckte Nasen, verschreckte Gesichter, Füße, die hinter Wolken verschwinden. Gut, dass wir aufgeklärten Mitteleuropäer da weiter sind. Jedes kleine Kind weiß doch bereits, dass Himmelfahrt ... Ich stocke. Dass Himmelfahrt ... was ist? Weiß ich es? Weiß ich es überhaupt besser als jene oberitalienischen Bauern, über die ich mich im Geiste bereits ein wenig erhoben habe?

Ich krame in meinem theologischen Gedächtnis. Unser Glaubensbekenntnis sagt ja von Himmelfahrt nicht allzu viel: „Aufgefahren in den Himmel; er sitzt zur Rechten Gottes, des allmächtigen Vaters“. Zu dumm, dass ich keine Bibel dabei habe. Die aufgeschlagene Schrift auf dem Altar dort vorne traue ich mich nicht anzurühren. Außerdem ist mein Italienisch zu schlecht. Also versuche ich, mich zu erinnern. Ich weiß, dass Jesus nach seiner Auferstehung noch einmal seinen Jüngern erschienen ist. 40 Tage lang. Deshalb feiern wir ja Himmelfahrt 40 Tage nach Ostern. Jedenfalls habe ich es so im Konfirmandenunterricht gelernt. Und auch dies, dass Jesus die Jünger dann noch einmal auf einem Berg zusammengerufen hat. Dass er sie gesegnet und beauftragt hat, das Evangelium in aller Welt zu verbreiten. Dass er dann vor ihren Augen in den Himmel entrückt wurde.

Ich meine, mich auch dunkel daran zu erinnern, dass unser Pastor seinerzeit gesagt hat, Himmelfahrt sei in der Bibel doch eher ein Randthema. Zwei, drei Stellen gäbe es wohl, das sei aber eigentlich auch schon alles. Und ich denke: Was für ein Missverhältnis, dass die Kirche diesem Ereignis dennoch einen eigenen Feiertag eingeräumt hat, vergleichbar mit Weihnachten, Ostern und Pfingsten. Aber Christi Himmelfahrt? Haben wir keine anderen Probleme? Kein Wunder, wenn die meisten

Menschen diesen freien Tag zum Ausflug ins Grüne nutzen oder gar zur zünftigen Biersause unter Vätern.

Während ich noch so meinen unfrisierten Gedanken nachhänge, stelle ich fest, dass mein Blick immer wieder zu jenem naiven Altarbild hinwandert. Es ist, soweit ich das beurteilen kann, nicht von übergroßer künstlerischer Qualität. Die Pinselstriche sind grob und ungelenk. Die Farben eher flach und plakativ, hier und da ein wenig übertrieben, fast ein wenig kitschig. Auch der Inhalt doch etwas sehr schlicht, um nicht zu sagen vordergründig: die Männer mit ihren aufgerissenen Augen und die beiden fast schon komisch wirkenden Füße am Wolkenrand. Trotzdem hält mich irgendetwas an diesem Bild fest. Was mag das sein?

Wieder versuche ich, mich zu erinnern. Heißt es nicht in der Himmelfahrtsgeschichte, dass sie, also die Jünger, ihm, Jesus, „nachsahen, wie er gen Himmel fuhr"? Ich versuche, mich für einen Moment in diese Menschen hineinzuversetzen. Was hatten sie nicht alles mit Jesus erlebt: verblüffende Krankenheilungen und eindrucksvolle Predigten, eine bemerkenswerte Brotvermehrung und heftige Streitgespräche, einen gespenstischen Seewandel und am Ende sogar ein paar leibhaftige Totenerweckungen. Schließlich: den schmachvollen Tod am Kreuz und die wundersamen Wiederbegegnungen nach Ostern. Nicht alles davon hatten sie begriffen. Manches war ihnen sogar äußerst befremdlich vorgekommen. Aber sie waren bei ihm geblieben. Er hatte sie gerufen, und sie waren gefolgt. Trotz mancher Fremdheit hatte er sie zu seinen Jüngern gemacht, zu seinen Vertrauten und Freunden. So waren sie durch die Lande gezogen und hatten manches Gemeinsame erlebt. So etwas bindet.

So etwas nährt aber auch Erwartungen: „Herr, wirst du in dieser Zeit wieder aufrichten das Reich für Israel?“ Erwartungen, Träume, Hoffnungen auf etwas Großes, Neues, Schöneres. Alles soll besser werden im Land: keine Bedrückung mehr, kein Leid mehr, keine Krankheit, kein Hunger, keine Ungerechtigkeit, keine Bedrohung, keine Gewalt, keine Arbeitslosigkeit. Träume, die mir nicht unbekannt sind. Manches Mal abends, gegen 20.15 Uhr, wenn ich die Tagesschau abgeschaltet habe, stellen sie sich bei mir ein: Es muss doch etwas Anderes, Besseres, Schöneres geben als Lug und Betrug, Eitelkeit und Korruption, Mord und Totschlag. So fremd sind mir die Jünger nicht mit ihrem: „Herr, wirst du in dieser Zeit wieder aufrichten das Reich für Israel?“

Noch einmal wandert mein Blick zu den Männern auf dem Altarbild. Ihre aufgeschreckten Gesichter. Ob der unbekannte bäuerliche Maler gar nicht so naiv war, wie ich ihm unterstellt habe? Grober Pinselstrich hin oder her – er hat doch auf seine Art vielleicht etwas sehr Wichtiges festgehalten. Eine grundlegende Erfahrung, die jeder, der es mit dem Glauben an Jesus Christus versucht, auch machen muss. Nämlich dass dieser, an den man glaubt und dem man vertrauen möchte, einem dennoch oft merkwürdig *entzogen* vorkommt. Wer hätte denn nicht schon diese bittere Erfahrung – gerade auch *im* Glauben – gemacht: Wo bist du, Gott – in meiner schlimmen Krankheit? Wo bist du, Gott – nachdem ich meine soundsovielte Bewerbung vergeblich abgeschickt habe? Wo bist du, Gott – jetzt, wo mir meine Ehe entgleitet? Wo bist du, Gott – in meiner Trauer um den Verlust des Menschen, der mir nahe war?

Glaube an Jesus Christus heißt doch, wenn wir ehrlich sind, gerade *nicht*: Jetzt ist alles o.k., „alles paletti“. Heißt doch gerade *nicht*: „alles gut“, wie es mittlerweile zur Allerweltsfloskel geworden ist, um die Widrigkeiten des Lebens schönzureden. Glaube an Jesus Christus heißt nicht: Jetzt kann mir nichts mehr passieren. Ich habe hier eine Art religiöse Versicherung abgeschlossen. Wer glaubt, ist doch deswegen nicht weniger krank, nicht weniger erfolglos, nicht weniger traurig. Im Unterschied zu den Jüngern, die Jesus immerhin noch von Angesicht zu Angesicht begegnet sind, müssen wir doch – gerade *im* Glauben – leben, so hat es Dietrich Bonhoeffer einmal formuliert, „als ob es Gott nicht gäbe“. Auch dem Glauben steht Jesus Christus doch nicht einfach zur Verfügung. Auch dem Glauben wird Jesus Christus doch nicht einfach zum Kumpel, den man einfach mal so per Handy herbeizitieren könnte. Himmelfahrt, so will mir scheinen, bringt zunächst einmal diese schmerzhafte Erfahrung des Glaubens zum Ausdruck: „Eine Wolke nahm ihn vor ihren Augen weg.“ Und genau das ist auf dem Altarbild mit den aufgeschreckten Gesichtern zu sehen. Schlagartig wird mir klar, mit welcher geistlichen Präzision der unbekannte Bauernmaler das mit seinen groben Pinselstrichen hingekriegt hat.

Wieder wandert mein Blick nach vorne. Jetzt bleiben sie an diesen fast komisch wirkenden Füßen oben am Wolkenrand hängen. Muss man sich Himmelfahrt so vorstellen? Ich erinnere mich an den spöttischen Satz des ersten sowjetischen Astronauten Juri Gagarin, der nach seiner Rückkehr aus dem All in triumphaler Pose verkündete, er habe dort oben keinen Gott gesehen. Angesichts dieses Altarbildes mit seinen zwei Füßen am Himmel wäre er wohl vollends in Hohngelächter ausgebrochen.

Himmelfahrt. Was hat es mit dem Himmel auf sich? Wir beten ja Sonntag für Sonntag: „Vater unser im Himmel ...“ Und wir bekennen uns regelmäßig zu Gott, „der Himmel und Erde gemacht hat", und zu Jesus Christus, der „aufgefahren ist in den Himmel". Aber was ist gemeint mit „Himmel"? Ich erinnere mich an ein Psalmwort: „Herr, deine Güte reicht, so weit der Himmel ist, und deine Wahrheit, so weit die Wolken gehen." (Psalm 36,6) Was Himmel und Wolken sind, weiß nun wirklich jedes Kind. Man braucht sich doch bloß einmal auf irgendeine Wiese, sagen wir einmal: irgendwo am Niederrhein, hinzulegen, alle Viere von sich zu strecken und ein paar Minuten nach oben zu blicken. Eine unendliche Weite spannt sich da über einen. Groß und majestätisch. Und nun nimmt jenes Psalmwort genau diesen Eindruck auf und macht ihn zu einem Vergleich, zu einem Bild, um damit etwas über Gott zu sagen: „Herr, deine Güte reicht, so weit der Himmel ist ..." Wenn wir beten: „Vater unser im Himmel ...", dann bekennen wir damit also schlicht: Gott ist groß. Gott ist der Herr. Gottes Güte ist unendlich weit – so weit wie eben der Himmel ist. Und der überspannt bekanntlich die ganze Welt: Menschen, Tiere, Pflanzen, Wasser, Luft und Erde.

Jetzt bin ich noch einmal bei jenen Füßen am Wolkenrand meines Altarbildes. Plötzlich kommen sie mir gar nicht mehr so komisch vor. Ist dem vermeintlich so naiven Bauernmaler vielleicht sogar ein zweiter theologischer Geniestreich geglückt? Hat er nicht – sicher immer noch mit eher ungelenker Hand – abermals überaus präzise etwas zum Ausdruck gebracht, wo ich mich mit meinen Erklärungen so schwertue? „Und als sie ihm nachsahen, wie er gen Himmel fuhr ...", heißt es. Hat der Maler, gewiss auf seine Weise, nicht genau das zum Ausdruck gebracht, was Himmelfahrt eben auch bedeutet: Jesus geht nicht einfach *weg*, sondern er fährt in den *Himmel*. Er kehrt zurück zum Vater, zu Gott. Zu Gott, von dem wir uns gerade eben noch klargemacht haben, dass er der Herr ist, der „Schöpfer des Himmels und der Erde". Himmelfahrt Christi, Rückkehr zum Vater heißt also: Dieser Jesus hat nun teil an Gottes Herrschaft. *Das* meint: „Er sitzt zur Rechten Gottes". Das, was er in den wenigen Jahren seines irdischen Lebens gesagt und gewirkt hat, gilt nun für alle Welt und in alle Ewigkeit, hat nun endgültige göttliche Autorität. Die etwa 33 Jahre zwischen der Geburt im Stall und der Himmelfahrt am Ende waren keine belanglose Episode, die man rasch beiseitelegen könnte. Sie haben vielmehr im Kleinen vor Augen geführt, was nun machtvoll und majestätisch für alle Zeit und für jeden Menschen gilt: „Jesus Christus herrscht als König", wie es in einem alten Kirchenlied heißt (EG 123,1).

Moment mal. „Jesus Christus herrscht als König"? Dann wäre ja Himmelfahrt alles andere als ein Randthema. Dann würde ja mit Himmelfahrt eine große, globale Lüge entlarvt. Und zwar die Lüge, die uns da Tag für Tag in jeder Nachrichtensendung, in jeder Zeitung, an jeder Straßenecke, an jeder Litfaßsäule, an jedem Stammtisch aufgetischt wird, nämlich dass unsere Welt angeblich von ganz anderen Herrschaften regiert wird: von Präsidenten und Kanzlerinnen, von Direktoren und Generälen, von Bossen und Bonzen, von Konzernen und Banken, von Medienzaren und Modediktatoren, von Trendsettern, Meinungsmachern und „Influencern" oder wie die vielen Möchte-gern-Könige unserer Welt auch alle heißen mögen. Himmelfahrt sagt schlicht: Das alles ist gelogen. Der Lauf der Welt und auch der Lauf deines und meines Lebens liegen nicht bei diesen Herrschaften, sondern sie liegen in den Händen eines anderen. Lass dir doch nicht einreden, du könntest mit deiner kleinen Kraft nichts ausrichten, weil „die da oben" ja doch machten, was sie wollten. Nein, Himmelfahrt sagt: *Jesus Christus* herrscht als König.

Jetzt erst bemerke ich, dass sich auf jenem bäuerlichen Altarbild noch etwas befindet. Es ist die Andeutung einer Stadt im Hintergrund. Ich erinnere mich, dass die Himmelfahrtsgeschichte damit schließt, dass die Jünger am Ende nach Jerusalem zurückkehren. So hatte es Jesus ihnen auch gesagt: „Ihr werdet meine Zeugen sein in Jerusalem und in ganz Judäa und Samarien und bis an das Ende der Welt.“ Jerusalem, Judäa, Samarien – das ist ja im Grunde nichts anderes als der Alltag dieser Menschen: die Stadt, das Dorf, der Beruf, die Familie. Nachbarschaften, Verwandtschaften, Freundschaften und Abneigungen. Dass Jesus Christus als König herrscht, das soll offenbar mehr sein als ein gottesdienstliches Bekenntnis, mehr als ein vollmundig geschmettertes Kirchenlied. Dass Jesus Christus als König herrscht, soll bezeugt werden eben in Jerusalem, Judäa und Samarien. Wir könnten auch sagen: in Duisburg, Flensburg oder der Oberlausitz. Es soll deutlich werden auch in unseren Städten und Dörfern, auch in unseren Berufen und Schulen, auch in unseren Familien und Freundschaften, auch in unseren Vereinen und Nachbarschaften, also auch in unserem Alltag.

Ich konzentriere mich noch einmal auf die Stadt im Hintergrund des bäuerlichen Bildes und stelle mir vor, wie die Jünger in ihren Alltag zurückkehren. Der eine vielleicht in seine Zeltmacherwerkstatt, der andere an seine Fischernetze. Der eine vielleicht in seinen Freundeskreis, der andere in seine angeknackste Ehe. Der eine vielleicht in seine Gemeinde, der andere in seine Stammkneipe. Und nun beginnen sie, schüchtern vielleicht und voller Herzklopfen, etwas von dem weiterzugeben, was sie selbst am eigenen Leib und an der eigenen Seele erlebt haben: die Herrschaft Christi, seine befreiende und zurechtbringende Macht, seine Güte, die in der Tat so weit ging wie der Himmel. Ob sie mit der Weitergabe dieser Botschaft überall auf offene Ohren oder gar auf Beifall gestoßen sind, ist nicht bekannt.

Aber wenn ich die Himmelfahrtsgeschichte richtig verstanden habe, kommt es darauf auch gar nicht an. Die Stadt im Hintergrund des Bildes – sie wartet darauf, dass etwas von jener Herrschaft, die nun seit Himmelfahrt gilt, Menschen tatsächlich erreicht. „Ihr werdet meine Zeugen sein", sagt Jesus. Dass meine Herrschaft im Alltag zur Geltung kommt, dafür werdet ihr gebraucht. Gebraucht werdet ihr also genau dort, wo ihr lebt und arbeitet: im Betrieb, im Büro, auf dem Schulhof, in der Küche, im Vereinslokal.

Gebraucht wird also z. B. der Schüler, der sich um Christi willen tapfer vor das Migrantenkind stellt, um es vor den Hänseleien der Klassenkameraden zu schützen, nur weil es sich den iPod von „Apple" nicht leisten kann.

Gebraucht wird z. B. das junge Mädchen, das sich um Christi willen entschließt, ihren Body nicht in dem Klamottenladen zu kaufen, von dem sie weiß, dass der günstige Preis nur durch die Ausbeutung eines gleichaltrigen jungen Mädchens irgendwo in Kambodscha oder Rumänien zustande gekommen ist.

Gebraucht wird z. B. die Gemeinde, die um Christi willen bei ihrem Gemeindefest auf Grillwürstchen aus Massentierhaltung verzichtet, auch wenn der eine oder andere darüber enttäuscht sein sollte.

Gebraucht wird z. B. der junge Bursche, der um Christi willen in der Clique sagt: „Judenwitze sind uncool."

Gebraucht wird z. B. das Elternpaar, das sich nach einer Pränataldiagnose um Christi willen für sein behindertes Kind entscheidet – gegen den sanften Druck von Arzt und Krankenversicherung, Freunden und Verwandten.

Gebraucht wird z. B. der Mann, der dem Stammtischgerede von den Ausländern, die uns die Arbeit wegnehmen, um Christi willen tapfer widerspricht.

Gebraucht wird z. B. die Frau, die der Nachbarin, von der sich alle zurückgezogen haben, weil sie so wunderlich geworden ist und es mit ihr sichtlich zu Ende geht, um Christi willen die Gewissheit gibt: Ich bleibe an deiner Seite – bis zur letzten Minute.

Gebraucht wird der Mensch, der sagt: Jawohl, um Christi willen bin ich Christ. Ich glaube, dass Jesus Christus und sonst niemand mir ernsthaft etwas zu sagen hat. Ich halte mich zu seiner Gemeinde. Ich weiß um meine Schwächen. Ich weiß um meine Grenzen. Ich weiß aber auch von einer großen Güte, die mir und anderen zugesagt ist. Und ich lasse mir meine Zuversicht weder von den Litfaßsäulen noch von der „Tagesschau" wegnehmen.

Mittlerweile ist es fast ganz dunkel geworden in jener kleinen dörflichen Kapelle irgendwo im Oberitalienischen. Das bäuerliche Altarbild mit seiner merkwürdigen Himmelfahrtsdarstellung ist kaum noch zu erkennen. Aber das ist auch gar nicht mehr nötig. Die verschreckten Gesichter, die Füße am Wolkenrand, die Stadt im Hintergrund – all das hat sich längst meinem inneren Auge eingeprägt. Himmelfahrt. Ich glaube, ich habe ein wenig davon verstanden, dass das fatale Oben und

Unten einer Welt, die von Gott und seiner Herrschaft nichts wissen will, umgekehrt worden ist. Nein, nicht eigentlich umgekehrt, sondern wieder zurecht- und in die ursprüngliche Ordnung gebracht. In die Ordnung, wo Gott das Sagen hat und die Herrschaft von Menschen über Menschen nicht gilt. Jenes schlichte Bild hat mir das auf seine Weise vor Augen geführt. Und der Himmelfahrtstag erinnert auf *seine* Weise daran. Gut, dass es ihn gibt.

XIII. „VON DORT WIRD ER KOMMEN, ZU RICHTEN DIE LEBENDEN UND DIE TOTEN“

Erhobenes Haupt statt Selbstverwerfung

1. Ein mulmiges Gefühl

„Wann kommt ihr wieder?“ Als Kinder war das für uns eine wichtige Frage. Unsere Eltern genehmigten sich gelegentlich einen Abend, wo sie „mal was für sich machen“ konnten. Ein Kinobesuch, ein Vortrag, ein Theaterstück in der nahe gelegenen Großstadt, was weiß ich. Kinder können mit den Interessen der Erwachsenen meist wenig anfangen. Man nimmt sie zur Kenntnis. Der Abend allein zu Hause ohne das vertraute Zu-Bett-geh-Ritual wurde meist mit einer kleinen, sonst nicht üblichen Süßigkeit ausgeglichen. Ein paar Bonbons, ein Riegel Schokolade oder eine seinerzeit noch seltene Banane. Immerhin. Kinder können da manchmal auch sehr pragmatisch sein.

Was sich allerdings nicht durch eine Banane oder ein paar Bonbons so schnell beruhigen ließ, das war das etwas mulmige Gefühl, nun für die nächsten Stunden, zumal in die beginnende Nacht hinein, allein zu sein. Nein, vielleicht war es noch nicht einmal die bloße Abwesenheit der Eltern. Viele Stunden des

Tages verbrachten wir durchaus ohne sie: im Kinderzimmer, mit den Freunden im Hof, auf der Straße, in dem nahe gelegenen Wald. Wohl wissend, dass die Eltern im Notfall immer zu erreichen waren. Ich kann mich allerdings an keinen solcher Fälle erinnern. Es genügte, es zu wissen.

Bei den gelegentlichen Abenden, an denen unsere Eltern mal was für sich machen wollten, war das allerdings anders. Nicht, dass wir uns vor der Nacht und der dunklen Wohnung als solcher gefürchtet hätten. Es war wohl eher das beunruhigende Gefühl, dass Mutter und Vater für eine gewisse Zeit – und für Kinder kann ein Abend sehr lang sein – einfach nicht erreichbar waren. Handys und andere Segnungen moderner Kommunikationen existierten noch nicht. „Wann kommt ihr wieder?" Diese Frage geriet an solchen Abenden zu höchster Wichtigkeit. Die Abwesenheit ließ sich einigermaßen mit der Gewissheit überbrücken, dass die Eltern ja irgendwann auf jeden Fall wiederkommen würden. Vielleicht gab es dann zu später Stunde auch noch einen nachgeholten Gute-Nacht-Kuss. Alles war gut.

Ob bei der Formulierung des Glaubensbekenntnisses mit seinem „von dort wird er kommen" ähnliche Erfahrungen eine Rolle gespielt haben? Das Gefühl, allein zu sein, ja mehr noch: Gott irgendwie gar nicht mehr zu erreichen, ist dem Glauben ja nicht grundsätzlich fremd. Nicht ohne Grund begegnet die bange Frage der Jünger an ihren Herrn: „Wann kommst du wieder?" mehr als einmal im Neuen Testament. Was an den Worten des Glaubensbekenntnisses allerdings auffällt, um nicht zu sagen: zunächst einmal stört, ist der Zusatz „zu richten die Lebenden und die Toten". Die Aussicht auf die versprochene Rückkehr der Eltern, wenn auch zu später Stunde, hatte ja etwas unbedingt Tröstliches. Aber eine zu erwartende Gerichtsverhandlung über „Lebende und Tote"? Das klingt doch – zumindest auf den ersten Blick – wenig nach Trost, eher nach Bangemachen.

Zahllose Gemälde tauchen mit einem Mal vor meinem inneren Auge auf. Etliche davon habe ich auf verschiedensten Altären angetroffen, auf denen das sogenannte „Jüngste" – also das letzte – „Gericht" dargestellt ist. In der Mitte Christus auf einem erhöhten Richterstuhl. Zu seiner Rechten die Geretteten auf dem Weg in die ewige Herrlichkeit: meist überaus fromm aussehende Gestalten mit deutlich klerikalem Outfit: Priesterhabit, Nonnengewand, Mönchskutte. Oder als engelähnliche, oft auch unbekleidete, fast ätherische Wesen mit Heiligenschein, Flügeln und merkwürdig schwebender Körperhaltung. Demgegenüber zur Linken die Verworfenen auf dem Weg in die ewige Verdammnis: elende Gestalten, verzweifelt schreiend und klagend. Hier und da die erkennbaren Restbestände einer verurteilungswürdigen Vergangenheit: Sex and Crime. Nur mit Schaudern lässt sich etwa der Anblick von Hieronymus Boschs Darstellung des „Weltgerichts" (um 1500) mit seinen geradezu fantastischen Gewaltorgien ertragen.

Und das alles soll nun auch Gegenstand unseres Glaubens sein, wenn es heißt: „zu richten die Lebenden und die Toten"? Das Evangelium – zumindest zur Hälfte – auch schreckliche Angstmache? Da kann einem doch erst recht mulmig werden. Zumindest haben wir allen Grund, auch hier ein wenig genauer hinzugucken.

2. Richten als Aufrichten

Die Erwartung, dass Jesus Christus mit seiner Himmelfahrt nicht einfach auf Nimmerwiedersehen verschwindet, sondern dereinst „wiederkommen“ wird, durchzieht in der Tat weite Teile des Neuen Testaments. Sie geht ursächlich auf entsprechende Aussagen Jesu selbst zurück. Am Ende aller Tage, so lesen wir verschiedentlich in den Evangelien, wird man „den Menschensohn“ – damit meint er sich – „kommen sehen in den Wolken und mit großer Kraft und Herrlichkeit“ (Markus 13,26). Immer wieder nehmen die späteren neutestamentlichen Texte genau auf diese Verheißung Bezug, wenn etwa vom „Kommen“ (2.Thessalonicher 2,1) bzw. von der „Ankunft unseres Herrn Jesus Christus“ (1.Thessalonicher 5,23) oder vom „Tag Christi“ (Philipper 1,6) die Rede ist.

Die Frage, wann das sein wird, beschäftigte die Christenheit von Anfang an. Das lag vor allem daran, dass Jesus selbst zumindest eine scheinbar halbwegs genaue Zeitangabe gemacht hatte: „Wahrlich, ich sage euch: Dieses Geschlecht wird nicht vergehen, bis dies alles geschieht.“ (Markus 13,30) Versteht man unter „diesem Geschlecht“ die zu diesem Zeitpunkt lebende Menschheit, so wird verständlich, dass die damalige christliche Gemeinde der festen Überzeugung war, bei Jesu „Wiederkunft in Herrlichkeit“ selbst noch dabeizusein (vgl. 1.Thessalonicher 4,17). Spätestens nachdem die ersten Menschen „dieses Geschlechts“ verstorben waren, geriet diese sogenannte „Naherwartung“ in eine Krise. Hatte sich Jesus mit seiner Vorhersage geirrt? Da das eigentlich nicht sein konnte, erklärte man sich die ausbleibende Wiederkunft Christi schlicht damit, dass Gottes Uhren eben anders gehen. Hieß es nicht bereits im Alten Testament, dass „vor dir tausend Jahre wie ein Tag“ (Psalm

90,4) sind? Damit war jedenfalls klar: „Der Herr verzögert nicht die Verheißung", sondern er will einfach nicht, „dass jemand verloren werde" (2.Petrus 3,9).

Jetzt erst tritt immer deutlicher zu Tage, dass sich Jesus selbst terminlich ja gar nicht festgelegt hatte. Ganz im Gegenteil: „Von jenem Tage aber oder der Stunde weiß niemand, auch die Engel im Himmel nicht, auch der Sohn nicht, sondern allein der Vater." (Markus 13,32) Deshalb ist Jesu Wiederkunft unvorhersehbar wie ein Blitz (Matthäus 24,27) oder kommt „wie ein Dieb in der Nacht" (1.Thessalonicher 5,2). Angesichts dieses grundsätzlichen Nichtwissens bleibt zunächst einmal nichts anderes, als sich in „Warten" (Lukas 12,36; Titus 2,13) und „Geduld" (Jakobus 5,7) zu üben. Doch weil man praktisch in jeder Sekunde mit der Wiederkunft des Herrn zu rechnen hat, deshalb ist vor allem *Wachsamkeit* geboten: „Darum wacht; denn ihr wisst nicht, an welchem Tag euer Herr kommt." (Matthäus 24,42) Der wiederkommende Herr will die Seinen eben nicht schlafend und untätig vorfinden, sondern wachend und verantwortlich handelnd. (vgl. Lukas 12,41-46) Bei der Erwartung der Wiederkunft Christi geht es also um ein *tätiges* Warten und eine *tätige* Geduld. Vergleichbar einem Bauern, der bei seinem geduldigen Warten auf die Erntefrucht ja nicht nichts tut (vgl. Jakobus 5,7f). Oder den berühmten fünf „klugen Jungfrauen", die sich immerhin aktiv auf die Ankunft des Bräutigams vorbereiten (vgl. Matthäus 25,1-13).

Eng mit der Erwartung der Wiederkunft Christi ist immer wieder das Motiv des *Gerichts* verbunden. So scheint es geradezu zum Grundbestandteil etwa der Predigten der ersten Apostel zu gehören, dass der wiederkommende Christus „von Gott zum Richter der Lebenden und der Toten bestimmt ist" (Apostelgeschichte 10,42). Das Wesentliche dieses erwarteten Gerichts ist zunächst, dass in ihm etwas *ans Licht kommt*, „denn wir müssen alle *offenbar* werden vor dem Richterstuhl Christi" (2.Korinther 5,10). Ans Licht kommen sollen aber vor allem unsere *Taten*: „Das Werk eines jeden wird offenbar werden. Der Tag des Gerichts wird's klarmachen" (1.Korinther 3,13), selbst das, „was im Finstern verborgen ist", nämlich „das Trachten der Herzen" (1.Korinther 4,5).

Zu diesem erwarteten „Jüngsten Gericht" gehört auch, dass ein jeder Mensch über sein Leben und Tun *Rechenschaft* abzulegen (vgl. Römer 14,12) und deshalb auch mit einem entsprechenden Urteil zu rechnen hat, „auf dass ein jeder empfange nach dem, was er getan hat, es sei gut oder böse" (2. Korinther 5,10). Das berühmte „Gleichnis vom Weltgericht" (Matthäus 25,31ff) hat das in einem großen, in jeder Hinsicht erschütternden Gemälde festgehalten. Christus, der Weltenrichter, scheidet die Menschen, „wie ein Hirt die Schafe von den Böcken scheidet". Die „zur Rechten" sind die, die in ihrem Leben Werke der Barmherzigkeit geübt haben: Hungrige speisen, Durstige tränken, Fremde aufnehmen, Nackte kleiden, Kranke und Gefangene besuchen. Die „zur Linken" haben all das in ihrem Leben unterlassen. Und indem es die einen gegenüber „diesen meinen geringsten Brüdern" getan bzw. die anderen es ihnen gegenüber eben nicht getan haben, haben sie es Christus selbst getan bzw. nicht getan. Die Konsequenz: „ewiges Leben" für die einen, „ewige Strafe" für die anderen. Die alte Verheißung, nämlich dass Gott dereinst „den Erdkreis mit Gerechtigkeit richten wird" (Psalm 98,9), hier kommt sie zur Vollendung (Apostelgeschichte 17,31).

Das Auffallende ist nun allerdings, dass die Vorstellung einer solchen Gerechtigkeit keine Besonderheit des biblischen Glaubens ist. In manchen Religionen begegnet uns die Überzeugung, dass am Ende aller Tage ein Gericht wartet, das das Leben der Menschen nach ihren vorherigen Taten misst – mit allen dazugehörigen Konsequenzen. So lesen wir etwa im Koran, dass unsere Taten dereinst auf einer „Waage" gewogen werden. Denen, „deren Waage schwer ist, wird's wohl ergehen"; die, „deren Waage jedoch leicht ist, werden ihre Seelen verlieren in der Hölle für immerdar" (Sure 23,104f). Doch die neutestamentlichen Texte warten in dem Zusammenhang noch mit einer anderen Botschaft auf, als dass am Ende einfach nur „jedem das Seine" widerfährt, wobei man sich selbst in der Regel wie selbstverständlich zu denen „zur Rechten" zählt. Paulus stellt dagegen nüchtern fest: „Es ist hier kein Unterschied: Sie sind *allesamt* Sünder und ermangeln des Ruhmes, den sie vor Gott haben sollten" (Römer 3,22f).

Der wesentliche Unterschied der biblischen Gerichtsaussagen besteht darin, dass auf jenem „Richterstuhl" nicht irgendeine vermeintlich gerechte Rechtsinstanz das Sagen hat, sondern Jesus Christus. Nicht irgendein, sondern der Richter wird dereinst Recht sprechen, der selbst bereits im Kreuz auf Golgatha für uns ins Gericht gegangen ist: Christus, der für uns Gerichtete, wird nun zum Richter. „Wer will verdammen?", schreibt Paulus, „Christus Jesus ist hier, der gestorben ist, ja mehr noch, der auch auferweckt ist, der zur Rechten Gottes ist und für uns eintritt" (Römer 8,34). Der zukünftige Herr wird ja kein anderer sein als der, den man bereits zu dessen Lebzeiten erfahren hatte: eben für seine Menschen eintretend, heilend, rettend und segnend. Der Wiederkommende wird richten, indem er *auf*richtet. Das ist der Unterschied. Der Heidelberger Katechismus fasst diese biblische Besonderheit so zusammen: „In aller Trübsal und Verfolgung darf ich mit erhobenem Haupt aus dem Himmel eben den Richter erwarten, der sich zuvor für mich dem Gericht Gottes gestellt und alle Verurteilung von mir genommen hat.“ (Frage 52)

3. Das Tröstliche der Wiederkunft

„Was tröstet dich die Wiederkunft Christi, zu richten die Lebenden und die Toten“? Mit der ihm eigentümlichen Direktheit stellt derselbe Katechismus die Frage, was denn das eigentlich *Tröstliche* an der Wiederkunft Christi sei. Mit Blick auf die einschlägigen biblischen Texte können wir darauf womöglich gleich mehrfach antworten.

Es ist zum Ersten schlicht die *Wiedersehensfreude.* So wie wir Kinder uns nach einem langen Abend ohne die Eltern auf deren Rückkehr freuten, weil wir sie ja – trotz mancher sonstigen Reibereien – als grundsätzlich freundlich und fürsorglich kannten, so geht es auch den Menschen, die Jesus Christus bereits als den erfahren haben, der für sie da ist, dem sie sich anvertrauen dürfen, von dem sie wissen, dass er für sie gestorben und auferstanden ist. Warum sollte die Erwartung eines solchen Wiedersehens mit Angst besetzt sein?

Das Tröstliche an der Wiederkunft Christi ist zum Zweiten in der Tat die Aussicht auf ein Gericht. Schon im weltlichen Bereich verbreitet das Wort „Gericht“ ja nicht nur Furcht und Schrecken. Unabhängig von einem späteren Strafmaß ist es für viele Opfer etwa einer Gewalttat ja bereits eine Erlösung, wenn ein Gericht das begangene Unrecht überhaupt beim Namen nennt. Wenn Unrecht gerade nicht verharmlost oder ignoriert wird oder irgendwann einmal dem großen Vergessen anheimfällt, sondern eben *ans Licht gebracht* wird. Wer je – im Großen wie im Kleinen – ein Unrecht mit sich herumgeschleppt hat, weiß um die erlösende Kraft der Wahrheit, die freimacht (Johannes 8,32). Welch tröstliche Aussicht im Hinblick auf all das unendlich viele Unrecht in unserer Welt und auch in unserem Leben. „Jüngstes Gericht" bedeutet: Nichts davon wird unter den Teppich gekehrt. Selbst ein Philosoph wie Holm Tetens konstatiert, dass ein Glaube ohne die Annahme eines Gerichts „auf eine seichte, inakzeptable ‚Wellness-Spiritualität' hinausläuft."

Der Gerichtsgedanke weist uns aber drittens auch auf unsere bereits in der Schöpfung angelegte *Verantwortung* hin. Jene überaus scharfe Scheidung zwischen „Schafen" und „Böcken" macht ja deutlich, dass es ganz und gar nicht egal ist, ja, dass es *Gott* nicht egal ist, wie wir leben. Dass es ganz und gar nicht egal ist, ob wir Hunger und Armut in der Welt bekämpfen, uns der Flüchtlinge annehmen und uns um Kranke und Gefangene kümmern oder ob wir das alles eben bleiben lassen. Dass es ganz und gar nicht gleichgültig ist, wie wir uns unseren Mitmenschen gegenüber verhalten, wie wir mit Tieren und Pflanzen umgehen, mit unserer Arbeit, unserem Urlaub, unserer Ernährung, unserer Kleidung oder unserem Geld. Es gehört geradezu zu unserer gottgegebenen, ja auch tröstlichen Menschenwürde, dass wir über unser Handeln und unser Verhalten in der Tat grundsätzlich Rechenschaft abzugeben haben.

Tröstlich an der richtenden Wiederkunft Christi ist aber vor allem die Gewissheit, dass es da jemanden gibt, *der für mich eintritt*. Deshalb ist an dieser Stelle einer psychologischen Deutung, wie sie etwa der Philosoph Peter Sloterdijk vertritt, wonach die Vorstellung eines richtenden Gottes „fast unvermeidlich ins Elend der Selbstverwerfung“ führt, entschieden zu widersprechen. Die Gewissheit, dass Jesus Christus sich „für mich dem Gericht Gottes gestellt und alle Verurteilung von mir genommen hat“, führt gerade umgekehrt zu einem – sinnbildlich gesprochen – „aufrechten Gang“. „Erhebt eure Häupter“, sagt Jesus, „weil sich eure Erlösung naht“ (Lukas 21,28). *Das* ist die – nicht erworbene, wohl aber geschenkte – Haltung des Glaubens.

„Von dort wird er kommen, zu richten die Lebenden und die Toten.“ Der christliche Glaube bezieht aus dieser Gewissheit nicht Angst und Schrecken, sondern Aufrichtung und Trost. Die Horrorszenarien eines Hieronymus Bosch haben in diesem Glauben nichts zu suchen.

XIV. „ICH GLAUBE AN DEN HEILIGEN GEIST“

Gottes bewegende Gegenwart

1. Es geistert allenthalben

Manchmal kann man den Eindruck gewinnen, als seien wir von Geistern geradezu umzingelt. Denn was geistert nicht alles in der Weltgeschichte herum, und immer scheint etwas anderes damit gemeint zu sein.

Legendär ist z. B. der berühmte „Geist von Spiez“. Während der Fußballweltmeisterschaft 1954 in der Schweiz war die deutsche Nationalmannschaft im Hotel „Bélvedère“ in Spiez am Thuner See einquartiert. Der spätere Gewinn des Turniers, das so genannte „Wunder von Bern“, wird seither zu großen Teilen auf eben jenen „Geist von Spiez“ zurückgeführt. Gemeint ist damit der besondere Teamgeist, auf den der damalige Bundestrainer Sepp Herberger seine Truppe wohl eingeschworen hatte.

Ein paar Jahre später quälte man uns in der Schule mit der Lektüre von Oscar Wildes „Canterville Ghost“. Doch handelte es sich hierbei um nichts anderes als ein Nachtgespenst. Genauer: um den eher unglücklichen, unruhigen Geist eines Ahnen der Cantervilles, dem es einfach nicht gelingen will, bei den mehr materiell eingestellten jetzigen Bewohnern des Schlosses Furcht und Schrecken zu verbreiten. Erlöst wird dieser „Ghost“ am Ende durch das fromme Gebet eines kleinen Mädchens.

Ein paar Klassen später erfuhren wir, dass es in der Welt offenbar noch einen ganz anderen Geist gibt. Wie wir Goethes „Faust“ entnehmen durften, ist es der Geist, „der stets verneint“. Also eine negative Macht, verkörpert in der Figur des Mephistopheles, dessen „eigentliches Element“ all das ist, „was ihr Sünde, Zerstörung, kurz das Böse nennt“. Neben dem guten, zu höheren Taten inspirierenden „Geist von Spiez“ gibt es offenbar eine Art Gegenspieler. Geist scheint nicht gleich Geist zu sein.

Mit Recht fragt man sich also, wenn man irgendein soziales Neuland – etwa ein Büro, ein Lehrerzimmer, einen Sportverein oder ein Presbyterium – betritt, welcher „Geist“ hier herrscht. Dann verstehen wir darunter das Klima, die Arbeitsatmosphäre, die ganze Art des gegenseitigen Umgangs. Ist es von einem „guten“ Geist bestimmt, also von Vertrauen, Wertschätzung und Liebe zum gemeinsamen Tun, oder von Misstrauen, gegenseitiger Geringachtung und wenig Engagement für die Sache, also einem geradezu „mephistophelischen“ Geist?

Sicher könnten wir noch eine ganze Reihe weiterer Geister auffahren. Könnten im Sinne des Bisherigen z. B. fragen, „wes Geistes Kind“ jemand ist. Könnten hier Geistesgegenwart bewundern, dort Geistesabwesenheit beklagen. Könnten die Erkenntnisse der Geisteswissenschaften im Hinblick auf Kultur, Geschichte, Philosophie oder Religion mit Interesse zur

Kenntnis nehmen. Wir könnten auf das Tun von sogenannten „Ghostwritern“ verweisen oder kritisieren, wenn jemand „von allen guten Geistern verlassen“ scheint. Wir könnten angesichts von Geisterstädten und Geisterfahrern erschrecken oder uns in Zeiten von Corona über bloße „Geisterspiele“ aufregen. Wir könnten uns an der geistreichen Kolumne in der Wochenendbeilage der Tageszeitung erfreuen oder den Kindern eine prickelnde Fahrt auf der Geisterbahn spendieren. Könnten der „hohen Geistlichkeit“ mit Ehrerbietung begegnen oder gar im Gottesdienst „O komm, du Geist der Wahrheit“ singen. Ja, allenthalben scheint es zu geistern.

„Ich glaube an den Heiligen Geist.“ Mit diesem Satz scheint sich unser Glaubensbekenntnis in eine merkwürdige Gesellschaft hineinzubegeben: irgendwo im Nebel zwischen Gespensterspuk und Büroatmosphäre, negativer und positiver Energie, Geisterbahn und Gottesdienst. Kein Wunder, wenn die meisten Menschen, auch die meisten Christen, mit dem „Heiligen Geist“ – etwa im Vergleich zu „Vater“ oder „Sohn“ – verhältnismäßig wenig anzufangen wissen.

2. Ein anderer Geist

Dass wir es in unserem Bekenntnis zum „Heiligen Geist“ mit etwas anderem, genauer: etwas *sehr* anderem als jenem Nebel zu tun haben, deutet sich bereits mit dem kleinen Eigenschaftswort „heilig“ an. Für die Bibel ist nämlich Heiligkeit *die* zentrale und ausschließliche Eigenschaft Gottes. Immer wieder ist von ihm – neben anderen Namen – exklusiv als dem „Heiligen“ (z. B. Jesaja 40,25) oder auch als dem „Heiligen Israels“ (z. B. Jesaja 1,4) die Rede. Dieses Heiligsein Gottes besteht schlicht darin, dass er, wie es heißt, eben „Gott und nicht ein Mensch" ist (Hosea 11,9). „Mit wem wollt ihr mich also vergleichen, dem ich gleich sei?, spricht der Heilige." (Jesaja 40,25) Biblisch gesehen ist also mit dem „Heiligen Geist" nichts anderes als der Geist *Gottes* gemeint.

Nun kann man fragen: Ist mit dem Bekenntnis zum „Vater" und zum „Sohn" nicht bereits genug über Gott gesagt? Es ist ja nicht eben wenig, was da bereits in den ersten beiden Artikeln des Glaubensbekenntnisses über Gott zur Sprache kommt. Mit seinem sogenannten „dritten Artikel" behauptet das Glaubensbekenntnis allerdings, dass es da in der Tat noch eine weitere Seite Gottes gibt, die zum Inhalt des Glaubens gehört, eben den Heiligen Geist. Dass diese Behauptung indes nicht aus der Luft gegriffen ist, zeigt sich daran, dass die Autoren des Glaubensbekenntnisses – genauso wie sie das mit dem „Vater" und dem „Sohn" getan hatten – einfach gründlich die Bibel gelesen haben. Es gibt dort nämlich kaum eine andere Aussage über Gott, die von Anfang bis Ende so häufig vorkommt, als dass er eben auch „Geist" ist. Und das in überaus vielfältiger, fast möchte man sagen: verwirrend vielfältiger Weise.

Bereits der zweite Vers der gesamten Bibel lässt aufmerken. „Am Anfang", also noch vor aller Schöpfung, so heißt es dort, „schwebte der Geist Gottes auf dem Wasser" (1.Mose 1,2). Dann folgen die sieben Tage der Schöpfung. Gottes Geist erscheint hier also als die ursprüngliche, alles Weitere auf den Weg bringende lebensschaffende Macht. Das hebräische Wort für „Geist" (ruach) bedeutet eigentlich so viel wie „Hauch", „Odem" oder „Wind". Eine interessante Formulierung. Sie findet ihre Entsprechung bereits im nächsten Kapitel, dem sogenannten „zweiten" Schöpfungsbericht. Dort lesen wir, dass Gott den Menschen aus Erde formt, indem er ihm seinen Odem einbläst: „So ward der Mensch ein lebendiges Wesen." (1.Mose 2,7) Später sagt etwa ein Hiob von sich: „Der Geist Gottes hat mich gemacht, und der Odem des Allmächtigen hat mir das Leben gegeben." (Hiob 27,3)

Immer wieder lesen wir dann davon, wie der Geist Gottes über seine grundsätzliche Schöpferkraft hinaus einzelne Menschen in besonderer Weise belebt und mit verschiedenen Fähigkeiten begabt. Josef z. B. kann durch Gottes Geist Träume deuten (vgl. 1.Mose 41). Gideon wird durch den „Geist des Herrn" zum Kampf gestärkt (Richter 6,34). Saul soll durch Gottes Geist in „Verzückung" geraten (1.Samuel 10,6). Und verschiedene Propheten verheißen sogar, dass dereinst Gottes Geist über allen Menschen „ausgegossen" wird (Jesaja 32,15). „Ich will meinen Geist in euch geben", heißt es etwa bei Hesekiel, „und will solche Leute aus euch machen, die in meinen Geboten wandeln und meine Rechte halten und danach tun." (Hesekiel 36,27) Der Prophet Joel schließlich hat im Namen Gottes eine Vision, die geradezu an Martin Luther Kings „I have a dream" erinnert, wenn er Gott sagen lässt: „Ich will meinen Geist ausgießen über alles Fleisch (d. h. über die ganze Menschheit), und eure Söhne und Töchter sollen weissagen, eure Alten sollen Träume haben, und eure Jünglinge sollen Gesichte sehen." (Joel 3,1) Gottes Geist schafft nicht nur Leben in einem biologischen, sondern vor allem in einem sozusagen „qualitativen", also inspirierenden und verschiedenste Kompetenzen entfaltenden Sinne.

Gerade diese letzte Verheißung findet im Neuen Testament eine – zumindest vorläufige – Erfüllung in der berühmten Pfingstgeschichte (Apostelgeschichte 2). Geschildert wird, wie sich nach Jesu Himmelfahrt die Jünger in Jerusalem versammeln. Dort sind anlässlich des jüdischen Pfingstfestes Menschen aus aller Herren Länder versammelt, ein großes Durcheinander und Sprachengewirr. Nun heißt es, dass „plötzlich ein Brausen vom Himmel wie von einem gewaltigen Sturm" geschieht. Wir erinnern uns an „ruach" aus der Schöpfungsgeschichte. Zudem erscheinen „Zungen, zerteilt und wie von Feuer", die sich auf die Köpfe der Jünger setzen. Des Rätsels Lösung: „Sie wurden alle erfüllt von dem Heiligen Geist." Erste Folge dieses merkwürdigen Ereignisses: Die Jünger – allesamt schlichte Gemüter aus der Provinz – reden mit einem Mal in verschiedenen Sprachen, „wie der Geist ihnen zu reden eingab", so dass ein jeder der vielen auswärtigen Pilger sie „in seiner Muttersprache" verstehen kann. Ein Traum wird wahr. Joel lässt grüßen.

Nun erinnert man sich daran, dass nicht nur die Propheten, sondern auch Jesus genau dieses verheißen hatte. Jesus, von dem berichtet wird, dass er selbst „voll Heiligen Geistes" war (Lukas 4,1.18), verliehen in seiner Taufe, bei der „der Geist wie eine Taube" auf ihn herabkommt (Markus 1,10). Deshalb kann er zeitlebens „in der Kraft des Geistes" (Lukas 4,14) andere, widergöttliche, böse Geister austreiben (Matthäus 12,28). Man erinnert sich aber vor allem daran, dass Jesus bei seinem Abschied den Seinen versprochen hatte, nicht nur „wiederzukommen", sondern sie auch während seiner Abwesenheit nicht einfach allein zu lassen: „Ich will euch nicht als Waisen zurücklassen", hatte er gesagt (Johannes 14,18). Vielmehr soll an seine Stelle eben der Heilige Geist treten, der deshalb verschiedentlich auch „Beistand" (Johannes 14,26; 15,26) genannt wird. Luther übersetzt das griechische Ursprungswort (paraklätos) sogar mit „Tröster". Im Heiligen Geist bleibt Gott also auch nach Jesu Fortgang am Werk.

Für den Apostel Paulus zeigt sich das darin, dass es nun in der Gemeinde *anders* zugehen kann als anderswo. Mögen auch sonst in der Welt „Unzucht, Unreinheit, Ausschweifung, Götzendienst, Zauberei, Feindschaft, Hader, Eifersucht, Zorn, Zank, Zwietracht, Spaltungen, Neid, Saufen, Fressen und dergleichen" regieren, in der Gemeinde dürfen sich dagegen „Früchte des Geistes" zeigen, als da wären: „Liebe, Freude, Friede, Geduld, Freundlichkeit, Güte, Treue, Sanftmut, Keuschheit" (Galater 5,19-23). Am Heiligen Geist scheiden sich also fortan die Geister, ja, entscheidet sich ein Leben in Angst oder in kindlichem Vertrauen: „Denn ihr habt nicht einen Geist der Knechtschaft empfangen, dass ihr euch abermals fürchten müsstet, sondern ihr habt einen Geist der Kindschaft empfangen." (Römer 8,15f)

Befähigt wird die Gemeinde zu solch einem anderen, „neuen Leben" (Römer 6,4) dadurch, dass der Heilige Geist ihr verschiedene „Gaben" verleiht. Paulus nennt beispielhaft die Gaben der Weisheit, der Erkenntnis, des Glaubens, der Heilung, der Wundertat, der Prophetie, der Fähigkeit, „die Geister zu unterscheiden", der Zungenrede und der Auslegung der Zungenrede (vgl. 1.Korinther 12,8-11). An anderer Stelle nennt er die Gaben des Dienens, des Lehrens, des Ermahnens, des Tröstens, des Gebens, des Leitens und der Barmherzigkeit (vgl. Römer 12,7f). Die Reihen ließen sich unschwer fortsetzen. Entscheidend bei all diesen vom Heiligen Geist gewirkten „Begabungen" ist nicht, dass sich jemand in ihnen verwirklicht, sondern dass sie „zum Nutzen aller" eingesetzt werden (1.Korinther 12,7). Für die Gemeinde wird somit der Heilige Geist zu einer Art „Unterpfand" (2.Korinther 5,5) – ein Wort, das wir sonst nur aus der Nationalhymne kennen – für Gottes zukünftige Welt, die jetzt in Teilen schon möglich ist.

3. Keine Zimmerlinde

Schon dieser relativ kurze Durchgang durch die einschlägigen biblischen Texte macht deutlich, dass wir es im Heiligen Geist mitnichten mit irgendeinem weiteren Beispiel der vielen in der Weltgeschichte begegnenden „Geister“ zu tun haben. Aus dem Bekenntnis „Ich glaube an den Heiligen Geist“ spricht vielmehr die Gewissheit, dass Gott selbst es ist, der mit seinem Geist auch heute noch unter uns gegenwärtig ist. „Gott ist gegenwärtig“, so heißt es in einem alten Choral (EG 165). Diese Gegenwart Gottes im Geist meint keine bloße statische Anwesenheit, sondern ein überaus bewegendes Geschehen. „Der Heilige Geist ist keine Zimmerlinde“, bemerkt der Schweizer Theologe und Dichter Kurt Marti. Auch halte er sich nicht an „Amt und Struktur“.

Nun kann man einwenden: Das ist ja alles schön und gut, was uns da in der Bibel so bewegend über den Heiligen Geist berichtet wird. Aber ich lebe nun einmal nicht in Jerusalem oder Korinth, sondern in Duisburg oder Kleinkleckersdorf. Und wenn ich mich so umsehe, dann spüre ich da doch meist herzlich wenig Bewegung oder gar Begeisterung. Von Brausen und Feuer ganz zu schweigen. Da spüre ich allenthalben doch eher den grauen Alltag: die Schule, den Betrieb, die S-Bahn, das Büro, die Kantine, den Haushalt. Da spüre ich die täglichen Sorgen: um meine Mathezensur, um meine Gesundheit, um meine Partnerschaft, um meinen Arbeitsplatz, um die Zukunft in unserem Land und den Frieden in der Welt. Da erlebe ich, gerade auch innerhalb der Christenheit, das eine oder andere, das, ehrlich gesagt, wenig Begeisterungsstürme in mir hervorruft: manch eine langweilige Predigt, manch freudlose Gesichter beim Abendmahl, die Stammplätze im Frauenabendkreis, der Knatsch im Presbyterium, die Eifersüchteleien unter den Mitarbeitern, hier und da sogar unter Pfarrerinnen und Pfarrern. Manchmal kann man schon froh sein, wenn man wenigstens noch eine Zimmerlinde vorfindet.

Doch wo steht eigentlich geschrieben, dass es heute in Duisburg haargenau so zugehen muss wie seinerzeit in Jerusalem? Vielleicht ist der Heilige Geist gegenwärtig ja da am Werk, wo sich Menschen in ganz anderer Weise bewegen lassen. Wo sie sich um Gottes willen z. B. nicht einfach abfinden mit einer Welt, die angeblich nun einmal so ist, wie sie ist. Mit Armut, Hunger, Ungerechtigkeit, Folter, Gewalt und hemmungsloser Ausplünderung seiner Schöpfung. Vielleicht ist der Heilige Geist gegenwärtig ja da am Werk, wo Menschen es um Gottes willen z. B. nicht einfach hinnehmen, wenn Tiere gequält und Pflanzen, Wasser, Luft und Boden vergiftet werden, weil man angeblich „nix dran machen kann". Da, wo Menschen um seinetwillen einer Unkultur des Hasses, der Diskriminierung und Ausgrenzung mit einer Haltung der Wertschätzung, der Freundlichkeit und Versöhnungsbereitschaft begegnen. Vielleicht ist der Heilige Geist ja gegenwärtig da am Werk, wo Menschen um Gottes willen an einer Kirche mitbauen, in der jeder seine ihm von Gott geschenkten handwerklichen, musischen, organisatorischen, geistigen oder sozialen Gaben einbringen kann. Da, wo man um seinetwillen der allgemeinen Trostlosigkeit singend die Stirn bietet und die Welt mit Ernst ins Gebet nimmt. Wo man den Verlorenen nachgeht, bei den Kranken ausharrt und nicht zuletzt einem Sterbenden ein Wort der Hoffnung sagt.

Ja, vielleicht hält sich der Heilige Geist nicht nur nicht an „Amt und Struktur", sondern manchmal auch nicht an die Grenzen von Religion überhaupt. Vielleicht war er ja seinerzeit auch da am Werk, wo das biblische „Schwerter zu Pflugscharen" (Jesaja 2,4; Micha 4,3) bis weit in die politische Friedensbewegung hinein gewirkt hat. Vielleicht auch da, wo Menschen mit Kerzen und Gebeten dazu beigetragen haben, dass Mauern und repressive Systeme zusammenbrachen. Und vielleicht war es ja auch seine, eben nicht an „Amt und Struktur" gebundene Inspiration, mit der unlängst die neue Vizepräsidentin, Kamala Harris, der USA in geradezu prophetischem Pathos eine Zukunft beschwor, in der Kinder jetzt schon von einer Welt ohne Diskriminierung, Hass und „systemischen Rassismus" träumen dürfen.

Wo und wie auch immer der Heilige Geist am Werk ist, es geht bei ihm wohl immer ziemlich bewegt zu. Es ist eben wie mit dem Wind. Er „bläst, wo er will, und du hörst sein Sausen wohl; aber du weißt nicht, woher er kommt und wohin er fährt" (Johannes 3,8). Damals zu Pfingsten in Jerusalem. Später in Rom, Korinth oder Galatien. Warum heute nicht auch in Duisburg oder Kleinkleckersdorf?

XV. „DIE HEILIGE CHRISTLICHE KIRCHE, GEMEINSCHAFT DER HEILIGEN“

Keine religiöse Wagenburg

1. Hitzige Debatten

Es hätte eine so schöne Grillfete sein können, wenn Corinna nicht irgendwann auf die blödsinnige Idee gekommen wäre, das Thema „Kindergarten“ anzusprechen. Sie habe ihren Malte jetzt in der „Arche Noah“ angemeldet. Das sei gerade bei ihr um die Ecke. „Wie – Arche Noah“, schallt es ihr sogleich entgegen. „Ist das nicht von der Kirche? Ich denke, ihr seid längst ausgetreten.“ „Na und? Was hat das damit zu tun?“, erwidert Corinna. „Man kann doch auch glauben, ohne dafür noch Steuern zu bezahlen.“ „Genau“, mischt sich jetzt Florian, der zufällig mit seinem Nackensteak vorbeikommt, in die Debatte ein. „Wenn man mal überlegt, was da so im Jahr zusammenkommt, dann fragt man sich manchmal schon, wo da die Gegenleistung ist.“ „He, ihr Oberdebattierer“, ruft nun Christian vom Pils-Fass herüber, „bevor ihr euch noch an die Köppe kriegt, ein Tipp von mir: Austreten und das Geld an Amnesty schicken.“ „Moment, war eure Melanie seinerzeit nicht auch im St. Vinzenz-Kindergarten?“, erregt sich nun Beate. „Wer hat denn die neue Schaukel bezahlt, an deren Kosten du dich offenbar nicht beteiligt hast?" „Das ist doch was ganz anderes", entgegnet Christian gereizt. „Ich habe wie alle anderen auch meinen Elternbeitrag bezahlt, und gut war." „Das alles geht doch völlig an der Sache vorbei", ereifert sich nun wieder Corinna. „Es dreht sich hier doch gar nicht in erster Linie um Finanzen. Es geht doch um grundsätzliche Werte. Und die sehe ich eben bei der ‚Arche' eher als gegeben an." „Willst du damit etwa behaupten, dass es woanders nicht um Werte geht?", so jetzt auf einmal Frederik. „Unser Niklas geht in den Montessori-Kindergarten. Die tun auch einiges. Die Kirche hat die grundsätzlichen Werte schließlich nicht gepachtet." „Kinder, nun regt euch mal ab", versucht Bettina, die resolute Gastgeberin, das Hin und Her zu beenden. „Ihr verderbt mir mit eurer Diskutiererei noch die ganze Party."

Doch vergeblich. Wenig später ist der Streit um „Kirche" in vollem Gange. Die einen erinnern sich an irgendeinen „unmöglichen" Pfarrer, über den sie sich vor Jahren geärgert haben. Die anderen möchten „doch immerhin" auf das große kulturelle Erbe der Kirche verweisen. Was sei unsere Welt ohne Kölner Dom oder die h-Moll-Messe eines Johann Sebastian Bach. Wieder andere bringen die vielen Missbrauchsskandale der vergangenen Jahre ins Spiel, womit die Kirche ihre letzte Glaubwürdigkeit nun wohl endgültig verspielt habe. Einige halten tapfer dagegen, dass man noch lange nicht mit dem Ganzen brechen müsse, wenn mal etwas darin schieflaufe. Gerade wenn man bestimmte kirchliche Erscheinungsformen kritisiere, müsse man *in* ihr etwas zu verändern suchen. Jemand wirft spaßig ein, dass er persönlich mit dem lieben Gott ganz einverstanden sei, nicht aber mit seinem „Bodenpersonal".

So schwirren für den Rest des Abends noch mancherlei weitere Kirchenthemen durch den Garten: „schöne" Taufen und „viel zu lange" Konfirmationen, zu Herzen gehende Hochzeiten und „08/15-Beerdigungen", interessante Stunden im Religionsunterricht, „wo wir auch mal diskutieren durften", und Erfahrungen in kirchlichen Einrichtungen, in denen es „auch nicht besser als anderswo" zugegangen sei. Manch zustimmendes Kopfnicken erntet Annegret, die in diesen Tagen ein Interview mit Hollywoodstar Susan Sarandon gelesen hat, wonach diese zwar „mit der Institution Kirche über Kreuz" liege, sich selbst aber als einen „sehr spirituellen Menschen" bezeichne. „Genau", sagt Gerald, „Beten kann ich auch zu Hause. Da brauch ich nicht unbedingt Kirche."

Es ist schon erstaunlich. Während sich in unserer Gesellschaft etwa beim Thema „Religion" eine milde Gleichgültigkeit auszubreiten scheint, kommt es beim Thema „Kirche" rasch zu hitzigen Debatten. Aber was ist eigentlich Kirche? Was ist gemeint, wenn sich unser Glaubensbekenntnis zur „heiligen christlichen Kirche" bekennt? Eine Institution? Ein Gebäude? Die Pfarrerin oder der Pfarrer? Meine Heimatgemeinde oder das Landeskirchenamt? Der Rat der Evangelischen Kirche in Deutschland oder die Deutsche Bischofskonferenz? Das betende Mütterchen in der vorletzten Bank oder der Papst in Rom?

Einmal mehr darf man darauf gespannt sein, was die Bibel zu diesem Thema zu sagen hat.

2. Von Reben, Schafen und verschiedenen Körperteilen

Um es gleich vorweg zu sagen: Das Wort „Kirche“ werden wir im ganzen Alten und Neuen Testament vergeblich suchen. Es hat sich erst im frühen Mittelalter aus dem griechischen Begriff „kyriakä“, d. h. „zum Herrn gehörig“, heraus entwickelt. Dass der *Begriff* „Kirche“ in dieser Form in der Bibel nicht vorkommt, heißt allerdings noch lange nicht, dass sie zum *Thema* „Kirche“ nichts zu sagen hätte. Ganz im Gegenteil: Über das, was Kirche ist, erfahren wir dort eine ganze Menge. Nur wird es durchweg anders benannt. Aber der Reihe nach.

Als „zum Herrn gehörig“ hat sich bereits das alte Israel verstanden, seit Gott mit diesem Volk einen unverbrüchlichen Bund geschlossen hat. Nicht weil es etwas Größeres oder Bedeutenderes wäre – Israel ist schließlich, wie es heißt, „das kleinste unter allen Völkern“ –, weiß es sich herausgerufen, sondern „weil Gott euch geliebt hat“ (5.Mose 7f). Diese von Gott selbst gestiftete Zugehörigkeit zu ihm wird jeweils dort sichtbar, wo sich das Volk Israel vor Gott *versammelt*: zum Verlesen der Gebote, zum Gebet, zum Lob. Mose etwa sammelt immer wieder das Volk, um ihm den Willen Gottes kundzutun. Auch sind die großen Feste in Israel vor allem Versammlungen, um gemeinsam der großen Taten Gottes zu gedenken. Sicher werden im Alten Testament auch immer wieder Einzelschicksale geschildert. Aber sie verstehen sich doch durchweg als Teil eines größeren Ganzen. Die alte Weisheit der Schöpfungsgeschichte, wonach es eben „nicht gut ist, dass der Mensch allein sei“ (1.Mose 2,18) – hier im Volk Gottes ist sie Wirklichkeit.

Auch Jesus versammelt Menschen. Zunächst sind es die zwölf Jünger, später weitere kleinere und größere „Mengen“, mitunter sogar Tausende. Seine Verheißung: „Wo zwei oder drei in meinem Namen versammelt sind, da bin ich mitten unter ihnen.“ (Matthäus 18,20) Deshalb spricht der Apostel Paulus, wenn es um das Thema „Kirche“ geht, in der Regel schlicht von „Versammlung“ (griechisch: ekkläsia), ein Wort, das Martin Luther durchweg mit *„Gemeinde“* übersetzt. „In seinem Namen versammelt sein“ meint also eine Gemeinschaft von Menschen, die sich Jesus Christus unverbrüchlich zugehörig wissen. Die vielen im Neuen Testament begegnenden Bildworte sprechen hier eine deutliche Sprache. Die Gemeinde verhält sich nämlich zu Christus wie die „Reben“ zum „Weinstock“ (vgl. Johannes 15,1ff), wie die „Herde“ zum „Hirten“ (vgl. Johannes 10,11ff) oder wie der „Leib“ zum „Haupt“ (vgl. Epheser 1,22f). Die Botschaft: ohne Weinstock keine lebensfähigen Reben, ohne Hirten keine funktionierende Herde, ohne Haupt kein lebendiger Leib. Kurz: ohne Jesus Christus keine Kirche.

Allein diese Zugehörigkeit zu Jesus Christus macht die Kirche zu einer „heiligen“ und die in ihr Versammelten zu einer „Gemeinschaft der Heiligen“, wie es das Glaubensbekenntnis ausdrückt. In der Tat werden etwa die Gemeinden in Rom, Korinth oder Ephesus immer wieder als „Heilige“ angeredet. Das muss auf den ersten Blick irritieren, hatten wir uns doch klargemacht, dass „heilig“ eine Eigenschaft ist, die nur Gott zukommt. Doch bereits im Alten Testament begegnet uns die Verheißung Gottes an sein Volk: „Ihr sollt mir ein Königreich von Priestern und ein heiliges Volk sein“ (2.Mose 19,6; vgl. 1.Petrus 2,9). Es scheint fast so, als gebe Gott etwas von seiner Heiligkeit an seine Menschen ab. Für Paulus tut er aber genau das in Jesus Christus, der „die Gemeinde geliebt und sich selbst für sie dahingegeben hat, um sie zu heiligen" (Epheser 5,25f). Heiligkeit ist also – entgegen einer weitverbreiteten irrigen Meinung – keine menschliche Auszeichnung, die man sich etwa durch ein besonders frommes, tugendhaftes oder sonst wie vorbildhaftes Leben erwirkt. Heiligsprechen kann niemand, auch die Kirche nicht. Das kann nur Gott. Dort, wo er sagt: „Du gehörst zu mir" (vgl. Jesaja 43,1).

Aber Christus und die Kirche gehören nicht einfach zusammen wie, sagen wir einmal, zwei Arbeitskollegen. Die „Herde" ist nicht einfach dem „Hirten" gleichgestellt, sondern hat dem Ruf des Hirten zu *folgen* (vgl. Johannes 10,27). Deswegen wird er ja auch „Herr" genannt. Da, wo es um *seinen* Ruf geht, kann es keine Diskussion, kein Abwägen von Vor- und Nachteilen, keine Verhandlung geben. Dass dieses „autoritative" Beziehungsgefälle von Christus zu den Seinen nun nicht einfach auf die Beziehungen *innerhalb* der Kirche zu übertragen ist, wird ebenfalls an jenen Bildworten deutlich. Denn wo steht geschrieben, dass die eine „Rebe" bedeutsamer sein soll als die andere? Oder dass ein „Schaf" in der „Herde" mehr zu sagen hätte als die übrigen? Gerade die alleinige Autorität Jesu Christi macht jegliche Hierarchie innerhalb der „Herde" zunichte: „Einer ist euer Meister, ihr aber seid alle Brüder" (Matthäus 23,8).

Kirche nach biblischem Verständnis also eine große Gleichmacherei? Für Paulus ist genau das Gegenteil der Fall. Das sei wie in einem Körper. Auch dort könne nicht jeder Teil dasselbe. Ein Ohr könne eben hören und müsse deshalb nicht auch noch sehen können. Eine Nase könne eben riechen und müsse deshalb nicht auch noch sprechen können. „Wenn der ganze Leib Auge wäre, wo bliebe das Gehör?", fragt er. „Wenn er ganz Gehör wäre, wo bliebe der Geruch?" (1.Korinther 12,17) Eine geradezu absurde Vorstellung. Das Eins-Sein in Christus bedeutet also gerade nicht die Aufhebung jeglicher Individualität. Vielmehr werden dadurch die individuellen Gaben jedes Einzelnen überhaupt erst zur Geltung gebracht. Die christliche Gemeinde lebt also von dieser Erkenntnis: Ich bin anders als du, deshalb sind wir gerade in unserer Verschiedenheit aufeinander angewiesen. Noch einmal im Bild des Körpers: „Das Auge kann nicht sagen zu der Hand: Ich brauche dich nicht; oder wiederum das Haupt zu den Füßen: Ich habe euch nicht nötig“ (12,21).

Weil ihr Herr ein anderer als andere Herren ist, deshalb soll es in der christlichen Gemeinde eben grundsätzlich anders zugehen als anderswo. „Stellt euch nicht dieser Welt gleich“ (Römer 12,2), sagt Paulus. Wo sonst die üblichen Gesetze von Macht und Abhängigkeit, Konkurrenzgehabe und gegenseitigem Übertrumpfen-Wollen gelten, soll es nach Jesu eigenen Worten „so nicht unter euch sein“ (Matthäus 20,26). In der Kirche kann es also fortan kein Oben und Unten, kein mehr oder weniger bedeutend, kein wichtiger oder unwichtiger, kein höher oder niedriger mehr geben. Konkret: „Hier ist nicht Jude noch Grieche, hier ist nicht Sklave noch Freier, hier ist nicht Mann noch Frau“ (Galater 3,28). Und das in einer Welt, die zuhöchst von der Ungleichwertigkeit von Juden und Heiden, Sklaven und Freien, Männern und Frauen geprägt ist.

Nur wenn es in der christlichen Gemeinde anders zugeht als anderswo, kann sie in Jesu Worten „Salz der Erde“ und „Licht der Welt“ sein (Matthäus 5,13f). Sie hat ja nicht nur den Auftrag, das Evangelium verkündigend „bis an das Ende der Erde“ (Apostelgeschichte 1,8) unter die Leute zu bringen (vgl. Matthäus 28,19). Sie hat auch mit ihrer ganzen Existenz wirksame und glaubwürdige Zeichen für eben dieses Evangelium zu setzen:

„So lasst euer Licht leuchten vor den Leuten, damit sie eure guten Werke sehen und euren Vater im Himmel preisen." (Matthäus 5,16) Nicht umsonst schickt Jesus selbst seine Jünger predigend *und* heilend über Land (vgl. Matthäus 10,5ff). Nicht umsonst machen sich später die Apostel auch in weit entlegene Regionen auf den Weg: in Wort *und* Tat. Nicht umsonst erfährt die erste christliche Gemeinde in ihrem Umfeld durch ihre „andere" Art zu leben immerhin „wohlwollende" Aufmerksamkeit (vgl. Apostelgeschichte 2,47).

Wenn wir also danach suchen, was die Bibel mit dem meint, was wir „Kirche" nennen, so haben wir es zunächst mit diesem lebendigen Geschehen zu tun. Man kann fragen: alles nur ein freischwebendes Wirken des Heiligen Geistes? Ein letztlich unorganisiertes Miteinander von Menschen, die nur dem Ruf Jesu folgen? Kirche ohne Institution, ohne Struktur, ohne Ordnung, ohne Amt? Es mag immer wieder diesen – fast möchte man sagen: „idealistischen" – Wunsch nach Kirche geben, auf das Neue Testament wird er sich nicht berufen können. Sicher haben wir es historisch mit einer sehr anderen Form von Kirche zu tun, aber ganz ohne ordentliche Organisation geht es dort offenbar auch nicht zu.

Schon die zwölf Jünger haben einen eigenen Kassenwart (vgl. Johannes 12,6). Auch setzt die spätere Gütergemeinschaft der Jerusalemer Gemeinde (vgl. Apostelgeschichte 4,32ff) immerhin eine gewisse Organisation voraus: Bedarfserhebung, Verwaltung, Verteilungsplanung. Nicht viel anders wird man sich auch den Aufbau des ersten Diakonenwesens (vgl. Apostelgeschichte 6,1ff) oder das übergemeindliche Kollektensystem (vgl. 2.Korinther 8f) vorzustellen haben. Sobald auch einmal etwas mehr als „zwei oder drei" versammelt sind, bedarf das gemeindliche Miteinander eben auch der *Struktur.* Spätestens da, wo die neutestamentliche Gemeinde sich ausbreitet oder durch innere und äußere Bedrängnisse verunsichert wird, greift sie auch zu stabilisierenden Maßnahmen. Nur so erklärt sich z. B. die verschiedentliche Erwähnung von sogenannten „Ämtern" wie etwa „Aufseher", „Diakone" oder „Älteste" in den späten Schriften des Neuen Testaments.

Soweit ein kurzer Blick zurück in die Bibel. Die Frage erhebt sich, inwieweit er Orientierung geben kann, um zu verstehen, was *heute* Kirche ist bzw. zu sein hat.

3. Modell für eine andere Gesellschaft

Es ist schon auffallend, dass bei entsprechenden Diskussionen meist nur von „der Kirche" die Rede ist. So als ginge es dabei ausschließlich um eine anonyme Institution, der man allenfalls durch Zahlung oder Verweigerung der Kirchensteuer beikommen könne. Auch ist die Liste lang, was „die Kirche" alles besser tun oder auch besser lassen sollte: sich mehr oder weniger um Alte, Kranke, Behinderte, Obdachlose und Flüchtlinge kümmern; sich auf Seelsorge statt auf Politik konzentrieren oder umgekehrt; ein deutliches oder doch bitte ein nicht so deutliches Wort zu Abtreibung, Sterbehilfe, Ladenöffnungszeiten, Energiewende, Abrüstung oder Klimawandel sagen. Zu Beginn der Corona-Krise wurde zudem häufig das angebliche Schweigen „der Kirche", gemeint waren Leitungsgremien und Bischöfe, beklagt.

Aber wenn wir die biblischen Aussagen richtig verstanden haben, dann ist mit Kirche in erster Linie keine anonyme Behörde gemeint, sondern eine „Versammlung" von Menschen, die es mit dem Ruf Jesu ernst nehmen. Wie wäre es, wenn in jenen Diskussionen über „die Kirche" einfach einmal jemand sagte: „Moment mal, ‚die' Kirche bin auch *ich*. Ich glaube an Jesus Christus. Deshalb halte ich mich zu seiner Gemeinde. Ich weiß, dass ich dort mit meinen bescheidenen Fähigkeiten gebraucht werde und umgekehrt auf andere angewiesen bin. Gemeinsam versuchen wir, im Sinne Jesu Verantwortung zu übernehmen – ob in unserem persönlichen Umfeld oder auf der gesellschaftlichen und politischen Ebene. Als Mitglied der Kirche bin ich kein besserer Mensch, sondern nur jemand, der weiß, wo er hingehört."

Über „die Kirche" kann man sicher lange diskutieren. Auch über die Notwendigkeit von kirchlichen Institutionen, Verwaltungen und Ämtern, über kirchliche Krankenhäuser, Pflegeheime, Sozialstationen, Kindertagesstätten, Schulen, Jugendzentren oder Beratungsstellen. Auch über das Pro und Contra von Kirchensteuern. Dass Kirche nicht überall so organisiert sein muss wie in Deutschland, zeigt bereits ein Blick über den Gartenzaun, etwa nach Frankreich, Italien oder Polen. Von den USA, Russland, Lateinamerika, Nigeria oder Nordkorea ganz zu schweigen. Aber auch dort gibt es lebendige Gemeinden.

Entscheidend ist, ob sich Menschen „in seinem Namen" zusammenfinden und – in welcher Organisationsform auch immer – der Welt in Wort und Tat eine Botschaft kundtun, die jedenfalls auf den Litfaßsäulen, an den Stammtischen oder in den Chefetagen so schnell nicht zu vernehmen ist. Die Botschaft nämlich, dass eine andere Welt, „ein neuer Himmel und eine neue Erde, in denen Gerechtigkeit wohnt" (2.Petrus 3,13), verheißen ist, für die jetzt schon unübersehbare Zeichen zu setzen sind. Kirche ist ihrem Auftrag gemäß keine religiöse Wagenburg, in der eine introvertierte Frömmigkeit oder auch nur ein bürgerliches Privatchristentum gepflegt wird. Karl Barth hat die Existenz der Kirche als eine geradezu „exemplarische“ beschrieben: Beispiel, ja geradezu Modell für eine prinzipiell andere, menschenfreundliche und lebensdienliche Gesellschaft, die jetzt schon möglich ist.

So ist es vorgesehen. Ob dann die Kirche das alles auch *ist,* darüber wird weiter zu diskutieren sein. Nicht nur auf Grillpartys.

XVI. „VERGEBUNG DER SÜNDEN“

Verdrängung geht anders

1. Von Sahnetorten, hübschen Madeln und einträglichen Geschäften

„Kleine Sünden bestraft der liebe Gott sofort.“ Ingeborg steht in der Haustür und sieht ein wenig amüsiert ihrem Mann hinterher. Fast wäre er soeben auf den nassen Pflastersteinen vor der Garage ausgerutscht. Warum musste er sich heute Morgen auch so lange in seine Rasur vertiefen? Kein Wunder, dass es nun mit einem Mal ziemlich hektisch geworden ist. „Um Himmels willen, ich muss los!“ Krawatte richten, sich in den Mantel schmeißen, die Aktentasche unterklemmen, sich des Dabeihabens von Handy, Geldbörse und Autoschlüssel vergewissern, die Wange zum Abschiedskuss hinhalten und aus der Tür stürzen ist eins. Nun dieses kleine Missgeschick vor der Garage. „Ja, ja, kleine Sünden bestraft der liebe Gott sofort.“

Auch wenn wir es nicht immer mit dem Zusatz „klein“ versehen, so fällt doch auf, dass wir das Wort „Sünde“ meist in eher harmlosen Zusammenhängen in den Mund nehmen. „Ein bisschen sündigen wird ja wohl noch erlaubt sein", sagt Tante Ruthild an Onkel Karl-Heinrichs Siebzigsten und genehmigt sich ein weiteres Stück Sahnetorte. „Oh, da habe ich wohl ein wenig zu viel gesündigt", heißt es dann später beim Blick auf die Waage. Im Lokalteil der Tageszeitung lesen wir davon, dass die Polizei wieder ein paar „Verkehrssünder" erwischt hat. 45 Stundenkilometer statt der erlaubten 30. Na, ja, es gibt Schlimmeres. Dass „Umweltsünder" ihren Müll einfach in den Wald werfen, ist sicher ärgerlich, aber ein Kapitalverbrechen nun gerade auch nicht. Sind wir schließlich nicht „alle kleine Sünderlein", wie Willy Millowitsch einst sang? Und hatte er angesichts der Tatsache, dass wir uns gelegentlich nach „hübschen Madeln umdreh'n" oder „ein Gläschen naschen", nicht einfach recht mit seiner rhetorischen Frage: „Warum sollten wir auf Erden schon lauter kleine Englein werden?" 1951 erregte Hildegard Knef mit dem Film „Die Sünderin" die deutschen Gemüter. Dass wenige Jahre zuvor Millionen von Menschen auf verbrecherische Weise zu Tode gekommenen waren, war offenbar nicht so sehr „Sünde" wie ein paar Sekunden nackte Haut.

Wir erinnern uns allerdings auch daran, dass das Wort „Sünde" in vergangenen Zeiten einmal ein sehr anderes Gewicht besaß. Etwa daran, dass mit „Sünde" ganzen Generationen ein grundsätzlich schuldbeladenes Lebensgefühl mit auf den Weg gegeben wurde. Dass viele Menschen mit „Sünde", zumal Frauen und Kinder, klein gehalten wurden. Dass mit „Sünde" nicht zuletzt auch einträgliche Geschäfte gemacht wurden. Ohne vorangegangene Sünden-Predigt stünden heute in Rom kein Petersplatz und kein Petersdom. Und es kann gut sein, dass manche dieser düsteren Erinnerungen dazu beigetragen hat, dass wir heutzutage entweder gar nicht mehr oder wenn, dann nur noch in einem eher harmlosen, gewissermaßen augenzwinkernden Sinne von „Sünde“ reden: „Ein bisschen sündigen wird ja wohl noch erlaubt sein.“

Doch nun taucht dieses harmlose Wörtchen immer noch in unserem Glaubensbekenntnis auf und geht nach wie vor Sonntag für Sonntag durch den Mund von Millionen: „Vergebung der Sünden“. Sicher kann man darüber als ein vermeintlich veraltetes theologisches Relikt hinwegsprechen. Nach dem Motto: „Tja, so dachte man eben damals.“ Man kann dieses sperrige Wort aber auch zum Anlass nehmen, sich einmal jenseits von Sahnetorten, kleinen sexuellen Fehltritten oder auch nicht zu leugnenden Missbräuchen ein wenig ernsthafter einem bestimmten menschlichen *Problem* zu stellen. Einem Problem, das ansonsten eher unter einer verbreiteten Verdrängung leidet.

Wie immer schlagen wir dazu zunächst einmal in Ruhe die Bibel auf.

2. Eine Beziehungsstörung

In Ruhe die Bibel aufschlagen? Von wegen. Wenn es um das geht, was unser Glaubensbekenntnis mit „Sünde“ bezeichnet, kann in der Bibel von Ruhe kaum die Rede sein. Bei diesem Thema werden wir vielmehr mit großer *Un*ruhe, mit Erregung, Empörung, Wut und Entsetzen konfrontiert. Warum? Weil wir es mit menschlichen Taten und Verhaltensweisen zu tun bekommen, die – so verschieden sie auch im Einzelnen sein mögen – darin eins sind, dass sie grundsätzlich dem Willen Gottes widersprechen.

Kain erschlägt Abel (1.Mose 4). Schon bald darauf ist „die Erde voller Frevel" (1.Mose 6,13). Ein gewisser Sichem „nimmt" Dina, „legt sich zu ihr und tut ihr Gewalt an" (1.Mose 34,2). Jakobs Söhne verkaufen ihren Bruder Josef in die Fremde und belügen ihren Vater (1.Mose 37,28.32). Das Volk Israel tanzt um das Goldene Kalb (2.Mose 32,1ff). Saul tut, „was dem Herrn missfiel" (1.Samuel 15,19). David wird zum Ehebrecher und Schreibtischmörder (2.Samuel 11,4.15). Die Propheten geißeln Fremdgötterei, Habgier, Korruption, Wucher, Betrug, Luxus und Ausbeutung der Armen. Jesus benennt verschiedene schuldhafte Unterlassungen (Matthäus 25,42f), und Paulus zählt gleich ganze Kataloge sündhafter Taten auf (Galater 5,19-21; Epheser 5,3-5; Kolosser 3,5.8). Mangelnden Realitätssinn wird man der Bibel nicht unterstellen können. Verdrängung sieht jedenfalls anders aus.

All das wird aber nun nicht einfach hingenommen oder gar kleingeredet, sondern vielmehr durchweg vehement *beklagt*. Allein die Psalmen sind voller Jammer und Trauer über das viele gottwidrige Tun und Verhalten in der Welt: „Hilf, Herr! Die Heiligen haben abgenommen, und treu sind wenige unter den Menschenkindern. Einer redet mit dem andern Lug und Trug, sie heucheln und reden aus zwiespältigem Herzen" (Psalm 12,2f). Und sie tun es, weil sie der dreisten Meinung sind, dass Gott es nicht merkt: „Sie zerschlagen dein Volk und plagen dein Erbe. Witwen und Fremdlinge bringen sie um und töten die Waisen und sagen: Der Herr sieht's nicht" (Psalm 94,5-7). Wer gegen den Willen Gottes, wie er sich etwa in den Zehn Geboten äußert, handelt, begeht also nicht nur einen menschlichen „Rechtsbruch" (Jesaja 5,7), der bereits schlimm genug wäre. Es vergeht sich vielmehr an Gott selbst. Genau das greift Jesus auf, wenn er in dem großen Gleichnis vom Weltgericht sagt: „Was ihr nicht getan habt einem von diesen Geringsten, das habt ihr mir auch nicht getan." (Matthäus 25,45) Nur so ist es zu verstehen, wenn der bußfertige Psalmbeter ruft: „Gott, an dir allein habe ich gesündigt." (Psalm 51,6)

Im Hintergrund der Sünde steht also eine gewaltige *Beziehungsstörung*. Das wird vor allem an der berühmten Geschichte vom sogenannten „Sündenfall" deutlich (1.Mose 3). Adam und Eva essen von einer von Gott verbotenen Frucht. Man kann fragen: Na und? Was soll daran so schlimm sein? Wer von uns hätte nicht schon einmal ein paar Kirschen geklaut? Doch die eigentliche Sünde der beiden besteht gar nicht in diesem Diebstahl, sondern in einer Infragestellung des göttlichen Willens: „Ja, sollte Gott gesagt haben ...?" Ein offenkundiger Vertrauensbruch. Da tut sich mit einem Mal ein Graben auf – zwischen Mensch und Gott. Man geht nicht ganz fehl, wenn man sich das deutsche Wort „Sünde" am altnordischen „sund" (das Getrennte), von dem der geographische Begriff „Sund" herstammt, veranschaulicht. Wer Gottes Willen missachtet, trennt sich von ihm.

Von daher wird dann auch verständlich, was die Bibel mit dem meint, was unser Glaubensbekenntnis „Vergebung" nennt: weder ein Vertuschen noch ein Verharmlosen menschlichen Unrechts. Es geht schlicht um die Wiederherstellung jener gebrochenen Gottesbeziehung – durch Gott selbst. „Bei *dir* ist die Vergebung", bekennt der Psalmbeter (Psalm 130,4). Mit Recht sagen später einmal die Schriftgelehrten: „Wer kann Sünden vergeben als Gott allein?" (Markus 2,7) Diese grundlegende Erneuerung des Verhältnisses zu Gott durch Gott wird geradezu als „Heilung" und „Erlösung" eines kaputten Lebens verstanden, wenn Gott etwa mit den Worten gelobt wird: „der dir alle deine Sünde vergibt und heilet alle deine Gebrechen, der dein Leben vom Verderben erlöst" (Psalm 103,3f). Nicht anders das Neue Testament. Wenn hier Jesu Christi Tod und Auferstehung als Akt der Vergebung und Erlösung gedeutet wird (vgl. etwa Lukas 24,47; Apostelgeschichte 5,30f; Epheser 1,7), so meint auch das nicht: alles halb so schlimm. Im Gegenteil: Mehr als einmal geißelt ja Jesus selbst geradezu im Stile der alten Propheten unerbittlich das menschliche Unrecht. Vielmehr meint Vergebung auch hier: Die Beziehung zu Gott ist wieder hergestellt – durch ihn. Nichts kann uns mehr von seiner Liebe trennen (vgl. Römer 8,35ff).

Doch merkwürdig: Trotz der von Gott grundsätzlich in Ordnung gebrachten Beziehung zu ihm fallen Menschen offensichtlich immer wieder in alte Verhaltensmuster zurück, „vergessen" sozusagen die Tatsachen, begehen also – widersinnig genug – wieder und wieder Unrecht. Karl Barth hat dieses merkwürdige Phänomen geradezu dialektisch als „unmögliche Möglichkeit" bezeichnet. Der Mensch ist – mit einer berühmten Formel der Reformatoren gesprochen – „gerecht und Sünder zugleich" (simul iustus et peccator). Bis zur endgültigen Erlösung von den destruktiven „Mächten und Gewalten" (Kolosser 1,16) dieser Welt bleiben deshalb für den Glauben die Bitte „Vergib uns unsere Schuld!" (Matthäus 6,12) und der gleichzeitige „Kampf gegen die Sünde" (Hebräer 12,4) notwendig. Freilich ein Kampf mit anderen als den üblichen Waffen (vgl. Epheser 6,10ff).

Der notwendige Kampf gegen die Sünde besteht nämlich nicht zuletzt darin, dass die von Gott erfahrene Vergebung fortan im menschlichen Miteinander eine Entsprechung finden soll. Was sich bereits in den Worten des Vaterunsers andeutet – „vergib uns unsere Schuld, wie auch wir vergeben unsern Schuldigern“ –, das wird nun zu einer Art Grundgesetz des Verhaltens im Glauben: „Vergebt einer dem andern, wie auch Gott euch vergeben hat in Christus“ (Epheser 4,32; vgl. Kolosser 3,13). Die vielen eben auch unter Menschen vorhandenen Gräben werden nicht durch physische, seelische oder moralische Gewalt überwunden, sondern durch die ausgestreckte Hand: „Lass dich nicht vom Bösen überwinden, sondern überwinde das Böse mit Gutem.“ (Römer 12,21)

3. „Wir bitten Sie um Vergebung“

Auf die Frage, wie sie mit Schuldgefühlen umgehe, antwortet die junge Firmengründerin und Aufsichtsrätin eines Dax-Unternehmens, Fränzi Kühne: „Welche Schuldgefühle? Für was? Schuldgefühle kann ich mir nicht leisten.“ Mit erfreulicher Klarheit bringt die erfolgreiche Managerin zum Ausdruck, was vermutlich sehr viele Menschen genauso empfinden: Schuldgefühle? Für was? Wir haben es uns weitgehend so antrainiert, dass so etwas wie Schuld oder gar „Sünde“ mit unserem Leben nicht viel zu tun haben.

Gewiss gibt es eingeredete Schuldgefühle, die mit einem tatsächlichen schuldhaften Verhalten gar nichts zu tun haben. Sie können verheerende Auswirkungen haben und dann womöglich einer eigenen Therapie bedürfen. Beim Blick auf die biblischen Texte fällt allerdings auf, dass diese von Schuld*gefühlen*, gar noch eingeredeten, überhaupt nicht sprechen. Sie sprechen vielmehr durchweg von *realer* Schuld, von Sünde. Hier geht es um *tatsächliche* Vergehen, um gewaltsame Übergriffe, um Menschenhandel, Mord, Betrug, Habgier, Korruption, Ausbeutung, üble Nachrede oder auch nur verweigerte Hilfeleistung, mitunter sogar überaus drastisch geschildert. Hier wird das Unrecht Unrecht, hier werden Täter und Täterinnen beim Namen genannt. Verschleierung oder Verdrängung von Tatsachen sind mit der Bibel nicht zu machen.

Mit Verschleierung oder Verdrängung sind wir allerdings in der Regel, wenn es um Sünde geht, ziemlich groß. Sünde gibt es, wenn überhaupt, nur in der Verkleinerungsform („ein bisschen sündigen wird ja wohl noch erlaubt sein"). Und schuld sind grundsätzlich erst einmal andere. Auch der Hinweis, man *empfinde* doch gar keine Schuld („für was?"), könnte schlicht einer Realitätsverdrängung gleichkommen. Woher wollen wir denn so sicher sein, dass wir etwa an dem Hunger in der Welt, an der Ausbeutung von Kindern und Frauen in den Kleiderfabriken von Bangladesch oder Pakistan, an der massenhaften Tierquälerei in unserem Land oder an der Plastikvermüllung der Nordsee keine Schuld *haben*, nur weil wir keine Schuld *empfinden*? Die alte kirchliche Bußpraxis zur Vergebung der Sünden sah immerhin vor, dass zuvor das eigene Unrecht überhaupt erkannt, anerkannt und bereut wurde. Bei aller evangelischen Kritik an der *Handhabung* dieser Praxis – vielleicht ist da doch etwas Wichtiges dran. Gewiss, auch in jedem evangelischen Gottesdienst wird ein Schuldbekenntnis gebetet und die Bitte „Vergib uns unsere Schuld" ausgesprochen. Manchmal kann man den Eindruck gewinnen, als sei das nicht mehr als eine Floskel – statt des Beginns jenes „Kampfes gegen die Sünde", der uns geboten ist.

Die Vergebung der Sünden, wie sie das Glaubensbekenntnis ja ausdrücklich hervorhebt, ist von uns nicht zu bewerkstelligen – weder durch Schulderkenntnis, Anerkenntnis und tätige Reue. Sie ist allein Gottes Sache, um die wir nur bitten können. Doch wir können Zeichen setzen. Können jenen „Kampf" aufnehmen und jetzt schon in wohltuender, „heilender" Weise unsererseits Vergebung üben. Der ehemalige Hitlerjunge und überzeugte Nazi Bert Trautmann, der am Ende des Zweiten Weltkriegs in englische Gefangenschaft geriet und als späterer Fußballprofi im Land zunächst herbe Ablehnung, dann aber hohe Akzeptanz erfuhr, sagte im Rückblick: „Freundlichkeit, Güte, Vergebung, das habe ich dort gefunden, egal wohin ich kam." Die Wohltat der Vergebung. Sie kann auch unter Menschen nicht eingefordert werden. Man kann allenfalls um sie bitten. Zehn Jahre nach der schrecklichen Love-Parade-Katastrophe von Duisburg sagte die ehemalige Ministerpräsidentin Hannelore Kraft im nordrhein-westfälischen Landtag an die Hinterbliebenen der Opfer gewandt: „Wir bitten Sie um Vergebung."

Manch einer hatte sich schon viel früher nach diesem Wort gesehnt.

XVII. „AUFERSTEHUNG DER TOTEN UND DAS EWIGE LEBEN“

Gottes letztes Wort

1. „Das kann doch nicht alles gewesen sein“

Frühstück am Samstagmorgen. Alles ist etwas anders als sonst. Gemächlicher. Die täglichen Pflichten können getrost ein wenig warten. Willkommene Gelegenheit, um endlich einmal in Ruhe die Zeitung zu lesen. Zumal sie heute deutlich umfangreicher ist als an den übrigen Tagen der Woche. Nachdem ich mich in griffbereiter Nähe zu Kaffeetasse und Marmeladenbrötchen durch Politik, Kultur, Sport und Lokales hindurchgearbeitet habe, bin ich nun bei den Todesanzeigen gelandet. Vielleicht ist ja diesmal jemand dabei, den ich kenne. Beim Überfliegen der Namen fällt mir auf, dass die meisten Anzeigen es nicht bei der Nennung der persönlichen Daten bewenden lassen, sondern noch eine kleine Botschaft hinzufügen. „Wer im Gedächtnis seiner Lieben lebt, der ist nicht tot, der ist nur fern.“ „Man lebt zweimal: Das erste Mal in der Wirklichkeit, das zweite Mal in der Erinnerung.“ „Du bist nicht tot, du wechselst nur den Raum.“ „Tot ist nur, wer vergessen wird.“

Irgendwie scheint es eine Art menschliches Grundbedürfnis danach zu geben, dass mit dem Tod nicht einfach „alles aus" ist. „Hinterm Horizont geht's weiter ..." sang einst Udo Lindenberg, um mit diesem Lied nach eigenem Bekunden seine Trauer um eine verstorbene Freundin zu verarbeiten. Herbert Grönemeyer war sich seinerzeit in der bundesweit veröffentlichten Todesanzeige für seine Frau Anna sicher, dass Gott ihr im Himmel „seine Loge anbieten" werde. Sie möge bei Gelegenheit doch einmal mitteilen, was man dort „so fühlt, was man so tanzt, was man so trägt". Das erinnert an die Essener „Werkstatt Solidarität", die ihre langjährige Mitarbeiterin und „immer gut gelaunte Freundin" Astrid mit den Worten verabschiedete: „Weiter geht's, jetzt wird der Himmel gerockt!" Und wenn Wolf Biermann das Ende des Lebens fast beschwörend mit den Worten besingt: „Das kann doch nicht alles gewesen sein ... das muss doch noch irgendwo hingehen", so deutet sich zumindest eine bestimmte Sehnsucht an.

Mit dem „Weiter geht's" nach dem Tod scheint sich eine geradezu religiöse Dimension aufzutun: Ob „Nirwana" oder „ewige Jagdgründe", „Hades" oder „Totenwelt", „Unsterblichkeit der Seele" oder „Auferstehung der Toten", „Reinkarnation" oder „Nahtod-Erfahrung" – über all diesen Vorstellungen von einem „Danach" schwebt so ein Hauch, der nicht von dieser Welt ist. Das gilt auch für die vielen „Danachs", die zunächst einmal gar nichts mit Religion zu tun haben. Menschen leben fort in ihren Kindern und Enkeln. Sie überdauern im Fortbestehen der Firma im Geiste ihres Gründers. Sie setzen sich ein ewiges Denkmal in ihren Büchern, Gemälden und Kompositionen, in ihren Verdiensten für das Gemeinwesen oder sportlichen Leistungen. Als Andreas Brehme 1990 mit seinem Elfmetertor die deutsche Fußballnationalmannschaft zum Gewinn der

Weltmeisterschaft schoss, war anschließend in der Presse von einem „Tor für die Ewigkeit" zu lesen. „Der Olympiasieg ist mir wichtiger als der Weltrekord", bekannte in späteren Jahren der einstige Leichtathletikstar Armin Hary. „Eine Goldmedaille bleibt einem bis in Ewigkeit."

Gehört der christliche Glaube mit seinem Bekenntnis zur „Auferstehung der Toten" und zum „ewigen Leben" als eine von vielen Möglichkeiten in diese schier endlose Reihe menschlicher Vorstellungen und Sehnsüchte – von einer unsterblichen Seele bis zu einer ewig bleibenden Goldmedaille? Wir werden einmal mehr gut daran tun, alles Bisherige für einen Moment beiseitezulegen und unvoreingenommen ein vorläufig letztes Mal die Bibel aufzuschlagen.

2. „Neuer Himmel, neue Erde"

Vermutlich finden sich nur wenige Bücher in der Welt, in denen die Vergänglichkeit des Menschen so illusionslos beschrieben wird wie im *Alten Testament*: „Ein Mensch ist in seinem Leben wie Gras, er blüht wie eine Blume auf dem Felde; wenn der Wind darüber geht, so ist sie nimmer da, und ihre Stätte kennet sie nicht mehr" (Psalm 103,15f). In immer wieder neuen Bildern wird die Endgültigkeit des Todes und die Unwiederbringlichkeit des Lebens vor Augen geführt. Die Menschen gehen dahin „wie ein Strom" oder sind wie „ein Gras, das am Morgen noch sprosst und des Abends welkt und verdorrt" (Psalm 90,5f). Das Leben gleicht allenfalls einem „zerbrochenen Gefäß" (Psalm 31,13), ist in seiner unwiderruflichen Sterblichkeit „wie Wasser, das auf die Erde gegossen wird und das man nicht wieder sammeln kann" (2.Samuel 14,14). Es wird im Tod zu „Staub“ (Psalm 30,10) und ist am Ende nicht mehr als ein „Hauch“ (Psalm 39,6). Und die Toten selbst „existieren“ in einer Art Nicht-Welt, sind von jeglicher Beziehung zu den Menschen und vor allem zu Gott radikal abgeschnitten. Jemand, der sich „dem Tode nahe“ weiß, vergleicht sich mit denen, „die im Grabe liegen, derer du nicht mehr gedenkst und die von deiner Hand geschieden sind“ (Psalm 88,6). Tot ist tot. Das ist zunächst einmal die nüchterne, wir könnten auch sagen: überaus ehrliche Sicht des Menschen im Hinblick auf sein Ende.

Anders ist es mit *Gott*. Als Schöpfer und Herr allen Lebens ist er nicht der Macht des Todes unterworfen. Seine Existenz ist nicht wie die des Menschen zeitlich begrenzt, sondern *ewig*. „Ehe denn die Berge wurden und die Erde und die Welt geschaffen wurden, bist du, Gott von Ewigkeit zu Ewigkeit“ (Psalm 90,2). Im Gegensatz zu Himmel und Erde, die vergehen werden, heißt es von ihm: „Deine Jahre nehmen kein Ende“ (Psalm 102,28). Dabei ist Gottes Ewigkeit etwas anderes als eine formale Unendlichkeit. Sie ist vielmehr gefüllt mit unverwechselbaren *Inhalten*. Es ist nämlich Gottes „Wort“, das „ewig bleibt“ (Psalm 119,89). Es ist seine „Gnade und Wahrheit“, die „über uns in Ewigkeit waltet“ (Psalm 117,2). Es ist seine „Güte“, die „ewiglich währt“ (Psalm 136). Wer die Ewigkeit Gottes rühmt, rühmt nicht eine kalte Endlosigkeit, sondern die unbedingt verlässliche Treue Gottes.

Im Angesicht dieses Gottes verliert dann auch der Tod seine unumschränkte Macht über den Menschen. Für den ewigen Gott ist tot eben noch lange nicht tot: „Spräche ich: Finsternis möge mich decken, ... so wäre auch Finsternis nicht finster bei dir“ (Psalm 139,11f). So bekommt die bislang so hermetisch gegen alles Leben abgeriegelte „Totenwelt“ mit einem Mal Risse, ist nicht mehr der Ort absoluter, gottverlassener Einsamkeit. Denn: „Bettete ich mich bei den Toten, siehe, so bist du auch da“ (Psalm 139,8). Gottes Ewigkeit durchbricht die Vergänglichkeit des Menschen, wenn es heißt: „Gott wird mich erlösen aus des Todes Gewalt“ (Psalm 49,16), ja, „wenn mir gleich Leib und Seele verschmachtet, ... dennoch bleibe ich stets an dir“ (Psalm 73,23.26). Oder in Worten des bekannten 23. Psalms: „Und ob ich schon wanderte im finstern Tal“ – ein damals übliches Bild für den Tod –, „fürchte ich kein Unglück; denn du bist bei mir“ (23,4).

Von hier ist es nur ein relativ kleiner Schritt zu der Glaubensüberzeugung, dass mit dem Tod grundsätzlich nicht „alles aus“ ist. Vor allem in der jüdischen Apokalyptik, einer relativ späten theologischen Richtung, die stark mit einem bald bevorstehenden Weltende rechnete, finden wir vereinzelt die Erwartung einer Auferstehung der Toten. „Deine Toten werden leben, deine Leichname werden auferstehen“, heißt es etwa in einem kleinen apokalyptisch gestimmten Abschnitt bei Jesaja (26,19). Und im späteren Danielbuch noch deutlicher: „Viele, die im Staub der Erde schlafen, werden aufwachen, die einen zum ewigen Leben, die andern zu ewiger Schmach und Schande“ (Daniel 12,2). Ja, der Tod selbst – so die endzeitliche Vision – wird einmal grundsätzlich besiegt werden, denn Gott „wird den Tod verschlingen auf ewig“ (Jesaja 25,8). Diese Überzeugung setzt sich allerdings nicht überall in Israel durch. Die Gruppe der Pharisäer vertritt die Auferstehung der Toten, die der Sadduzäer lehnt sie ab (vgl. Matthäus 22,23; Apostelgeschichte 23,6.8). Nebenbei: Auch unter Christen soll es ja in dieser Sache verschiedene Überzeugungen geben.

Gottes souveräne Entmachtung des Todes wird nach dem Zeugnis des *Neuen Testaments* dann vor allem an der Auferweckung Jesu Christi von den Toten demonstriert (vgl. dazu Kapitel XI.). Unabhängig davon finden wir überhaupt keine Aussagen über „ein Leben nach dem Tode". Und das, obwohl es zur Zeit des Neuen Testaments in dessen Umfeld genügend spekulative Ideen dazu gab. Die bekannteste war die Vorstellung von der „Unsterblichkeit der Seele". Sie entstammte der griechischen Philosophie und basierte auf der Annahme, dass der Mensch grundsätzlich aus zwei Teilen bestehe: dem sichtbaren Körper und der unsichtbaren Seele. Während der Körper, wie bei jedem Tod eines Menschen ersichtlich, sterblich ist, bleibt die Seele vom Tod unberührt. Im Vorgang des Todes trennt sie sich vom sterblichen, verfallenden Leib und lebt als eben unsterbliche ewig weiter. Der Philosoph Plato etwa lieferte für diese These in seinem berühmten „Höhlengleichnis" einen ziemlich halsbrecherischen „Beweis" ab. Unabhängig davon, ob einen dieser überzeugt – die Vorstellung von einem Weiterleben der Seele nach dem Tod ist bis heute überaus populär geblieben. Bis in die Formulierung mancher Todesanzeige hinein.

Nun hätte es für das Neue Testament eigentlich ein Leichtes sein können, mit seiner Botschaft von der Auferstehung der Toten an diese populäre Vorstellung anzuknüpfen. Genau das geschieht aber gerade nicht. Denn Ausgangspunkt ist hier nicht die Annahme einer bestimmten menschlichen Beschaffenheit (Leib und Seele), sondern jenes Ereignis, in dem Gott in machtvoller Weise das Gesetz des Todes („tot ist tot") durchbricht: die Auferweckung Jesu. Gewiss könnte man mit dem Heidelberger Katechismus fragen: „Was nützt mir das?" Dass Gott Jesus auferweckt hat, mag so sein. Aber das bedeutet ja noch lange nicht, dass er auch *uns* einmal von den Toten auferwecken wird, wie es unser Glaubensbekenntnis mit seiner „Auferstehung der Toten“ behauptet.

Doch, sagen die neutestamentlichen Zeugen, fast wie aus einem Mund, hier gibt es einen zwingenden Zusammenhang. Der Glaube weiß sich nämlich unauflöslich mit seinem auferstandenen Herrn verbunden. „Wenn wir glauben, dass Jesus gestorben und auferstanden ist“, sagt Paulus, „so wird Gott auch die, die da entschlafen sind, durch Jesus mit ihm führen“ (1.Thessalonicher 4,14). Die einfache Grundbotschaft: So wie er – so auch wir. Oder in Jesu eigenen Worten: „Ich lebe, und ihr sollt auch leben“ (Johannes 14,19). Für Paulus ist die Abhängigkeit unserer Auferstehung von der Auferstehung Christi so elementar, dass er sie in der Auseinandersetzung mit einigen Gemeindegliedern in Korinth, die unsere Auferstehung anzweifeln, geradezu polemisch umkehren kann: „Wenn die Toten nicht auferstehen, so ist Christus auch nicht auferstanden. Ist Christus aber nicht auferstanden, so ist euer Glaube nichtig.“ (1.Korinther 15,16f)

Doch diese Verbundenheit mit dem Auferstandenen trägt ihre Früchte nicht nur für ein „Leben nach dem Tod“, sondern schon mitten *im* Leben. „Wir sind mit Christus“, schreibt Paulus, „begraben durch die Taufe in den Tod, auf dass, wie Christus auferweckt ist von den Toten ... auch wir in einem neuen Leben wandeln“ (Römer 6,4). Mit „neuem Leben“ meint er durchweg ein anderes, ein erneuertes, ein dem Willen Gottes entsprechendes Leben, das heute schon möglich ist. Nach dem Zeugnis vor allem des Johannesevangeliums hatte bereits Jesus selbst immer wieder auch die *gegenwärtige* Bedeutung des Auferstehungsglaubens hervorgehoben: „Ich bin die Auferstehung und das Leben. Wer an mich glaubt, der wird leben, ob er gleich stürbe." (Johannes 11,25) Nur so erklärt es sich, dass neben den Aussagen über unsere zukünftige Auferstehung immer wieder auch solche in der vollendeten Gegenwartsform auftauchen: „Mit Christus *seid* ihr auch auferstanden." (Kolosser 2,12) Gerade wenn man den Tod nicht nur als jenen rätselhaften Zustand *nach* unserem Leben versteht, sondern bereits *jetzt* überall dort am Werke sieht, wo destruktive Mächte walten, dann erscheint es geradezu „logisch", wenn Christi Sieg über den Tod eben auch diese gegenwärtige Bedeutung hat.

Diese Verschränkung des zukünftigen und jetzigen Lebens mit Christus konzentriert sich immer wieder in dem Begriff des „ewigen Lebens". Es ist sowohl das alle natürliche Vergänglichkeit überdauernde als auch das mitten in der jetzigen Welt schon mögliche „andere" Leben. Ganz im Sinne des Alten Testaments gilt: Ewigkeit ist nichts anderes als *Gottes* Welt und nicht etwa ein Produkt menschlicher Unendlichkeitsphantasien. In diesem Sinne ist das „ewige Leben" nicht nur ein zukünftiges, zu „erbendes" (vgl. Lukas 10,25), sondern auch – zumindest für den Glauben – ein schon jetzt zu „habendes": „Wer an den Sohn glaubt, der hat das ewige Leben." (Johannes 3,36) Ob so oder so – entscheidend bleibt immer die Verbundenheit mit Christus. Ohne ihn bliebe „Ewigkeit" ein kaltes, inhaltsleeres Gedankenkonstrukt.

Weil das Entscheidende ist, dass wir es bei der Ewigkeit nicht mit unseren Phantasien, sondern mit Gottes Welt zu tun haben, deshalb kann das Neue Testament auch die eine oder andere – aus menschlicher Sicht – Ungereimtheit verkraften, ohne inhaltlich Schaden zu nehmen. So begegnet uns etwa die Vorstellung von einer Auferstehung der Toten dereinst am „Jüngsten Tage" (vgl. Johannes 11,24) *neben* der Vorstellung eines neuen Lebens unmittelbar nach dem Tod, wenn z. B. Jesus einem der Schächer am Kreuz verheißt, er werde noch „heute mit mir im Paradies sein" (Lukas 23,43).

Bei der Frage, *wie* man sich das Leben mit Christus nach dem Tod im Einzelnen vorzustellen habe, halten sich die neutestamentlichen Zeugen nun allerdings weitestgehend zurück. Spekulationen – etwa über die Frage, welchem Mann eine auf Erden mehrfach verwitwete Frau nach der Auferstehung einmal zugehören werde – werden brüsk zurückgewiesen (vgl. Matthäus 22, 23ff). Das verheißene Leben in der neuen Welt Gottes ist keine Verlängerung der auf Erden vorgezeichneten Lebenslinien. Es wird grundsätzlich *anders* sein, eben weil es *Gottes* Welt ist. Wohl gibt es Andeutungen, Bilder, einzelne gleichnishafte Motive. Etwa die von einer überwältigenden „Freude", die sein wird (Lukas 15,7), von einer völlig neuen, die sozialen Unterschiede aufhebenden Tischgemeinschaft (vgl. Lukas 14,15ff), von einem Haus, in dem „viele Wohnungen" sind (Johannes 14,2), oder von einem neuen „Bürgerrecht im Himmel" (Philipper 3,20). Aber eben, all dies sind keine unmittelbaren Sachaussagen, sondern Metaphern der Hoffnung. Als solche sind sie – mit der trefflichen Formulierung eines EKD-Votums – eher Ausdruck einer gewissen „Demut des Nichtwissens", das dem zukünftigen Handeln Gottes nicht vorgreift. „Wir sehen jetzt durch einen Spiegel in einem dunklen Bild", sagt Paulus, „dann aber von Angesicht zu Angesicht" (1.Korinther 13,12). Gottes neue Welt entzieht sich unserem konkreten Vorstellungsvermögen.

Natürlich kann man fragen, ob wir denn in der Auferstehung überhaupt noch dieselben sein werden, wenn doch zuvor, wie es biblische Überzeugung nun einmal ist, der *ganze* Mensch –

samt Leib und Seele – im Tod stirbt. Auch hier ist die Antwort nicht an einer menschlichen Verfassung, sondern ganz an Gott orientiert. Nicht eine den Tod überdauernde, unsterbliche Seele garantiert unsere zukünftige Identität, sondern die Tatsache, dass wir bei Gott in Ewigkeit nicht vergessen sind – so die Botschaft des berühmten Bildes vom „Buch des Lebens" (Philipper 4,3). „Freut euch", sagt Jesus, „dass eure Namen im Himmel geschrieben sind" (Lukas 10,20). Obschon wir dereinst sicher „andere" sein werden (vgl. 1.Korinther 15,35ff), so bleiben wir doch bei Gott dieselben. Auch das erinnert an Christus, der ja nach seiner Auferstehung als ein offensichtlich „anderer" auch nicht gleich erkannt wird und dennoch kein anderer als der zuvor Gekreuzigte ist, wie an den gebliebenen Nägelmalen deutlich wird (vgl. Lukas 24,36).

Alle individuellen Fragen, die sich um die „Auferstehung der Toten und das ewige Leben" ranken, sind indes grundsätzlich eingebettet in einen ungleich größeren, Zeiten und Räume überspannenden, universalen Horizont. Es ist die große biblische Verheißung Gottes auf einen „neuen Himmel und eine neue Erde" (Jesaja 65,17; 2.Petrus 3,13). Sie reicht von den überwältigenden Friedensbotschaften der Propheten, wonach „Schwerter zu Pflugscharen und Spieße zu Sicheln" gemacht werden (Jesaja 2,4), über die grandiosen Visionen einer zukünftigen Völkergemeinschaft (vgl. Micha 4,1f; Lukas 13,29) bis hin zu dem ergreifenden Bild eines „neuen Jerusalem", in welchem Gott selbst „abwischen wird alle Tränen von ihren Augen, und der Tod wird nicht mehr sein, noch Leid noch Geschrei noch Schmerz" (Offenbarung 21,4). Ein gewaltiger theologischer Donnerschlag, der noch lange nachhallt.

3. Was genügt

Es gibt wohl kaum ein Thema, das so viel Phantasie freisetzt wie die Frage nach einem „Leben nach dem Tod". Davon zeugen nicht nur die Todesanzeigen in der Zeitung, sondern mittlerweile ein ganzes Heer etwa an Kinderbüchern, an Fantasy-Romanen und mancherlei „Berichten" über sogenannte „Nahtod-Erfahrungen". All das ist menschlich durchaus verständlich. „Glauben Sie an ein Leben nach dem Tode", beginnt etwa Marie Luise Kaschnitz eines ihrer Gedichte. Und nach einem etwas zögerlichen „Ja" folgen dann wunderbare poetische Bilder, die sich offensichtlich aus der Erfahrung einer beglückenden Liebesbeziehung speisen. Ich selbst erinnere mich beim Stichwort „Ewigkeit" allerdings eher an jene Mathematikstunde, in der uns mitgeteilt wurde, dass sich zwei parallele Geraden „im Unendlichen" treffen und wir fast bis zum Wahnsinn darüber diskutierten, wie man sich denn das vorzustellen habe. Im Deutschunterricht wiederum lasen wir von der Schreckensvision eines Jean- Paul Sartre, der in seiner „Geschlossenen Gesellschaft" drei gestorbene Personen sich gegenseitig die ewige Hölle bereiten lässt. Manchmal tut es allerdings auch schon die gruselige Vorstellung einer nicht endenden Langeweile im Himmel. Niemand kann solche Phantasien verbieten. Ob sie immer lebensdienlich sind, steht auf einem anderen Blatt.

Die biblischen Aussagen, die im Hintergrund des Bekenntnisses zur „Auferstehung der Toten und das ewige Leben" stehen, weisen allerdings in eine grundsätzlich andere Richtung. Dazu ist es freilich notwendig, von der einen oder anderen eigenen Vorstellung Abschied zu nehmen und die entsprechenden Texte zu sich sprechen zu lassen. Gemeinsam ist ihnen allen vor allem, dass sie ihren Blick – vor aller Phantasie – zunächst einmal auf *Gott* richten. Das nimmt allem menschlichen Nachsinnen über diese Frage von vornherein jegliche Unsicherheit oder auch falsche Sicherheit, womöglich auch jede Angst. Der Glaube an die „Auferstehung der Toten und das ewige Leben" ist vielmehr durchweg von einem tiefen *Trost* durchdrungen. Einem Trost, der in der Tat nicht von dieser Welt ist.

Dazu gehört auch die Tatsache, dass die Bibel sich an der üblichen Beschwörung von Lebensleistungen – in Familie, Beruf, Kultur, Politik oder Sport – als das, was den Tod angeblich überdauert, gar nicht beteiligt. Gott sei Dank, so könnten wir sagen, werden wir dermaleinst um Christi willen an etwas anderem gemessen als an dem, was wir in unserem Leben leider Gottes getan oder gelassen haben. „Christus Jesus ist hier", sagt Paulus, „der für uns eintritt" (Römer 8,34). Wie unendlich tröstlich ist das. Gott hat auch in dieser Angelegenheit nicht nur das erste, sondern auch das letzte Wort.

Das genügt.

XVIII. HILFREICH ZU WISSEN

Zusätzliche Informationen für neugierig Gewordene

1. Die Ursprünge des Glaubensbekenntnisses in der Bibel

Um den Text unseres Glaubensbekenntnisses zu verstehen, kann es nicht schaden, ein wenig mehr über seine theologischen und kirchlichen Hintergründe zu erfahren. Hier ergeht es uns im Grunde nicht viel anders als mit manch einem anderen historischen Text. Wie etwa sollte man Goethes berühmte „Marienbader Elegie" in seiner Tiefe nachvollziehen können, wenn man nicht etwas von der tragischen Liebesnot des alternden Dichters wüsste? Wie sollte man etwa Martin Luther Kings berühmtes „I have a dream" richtig einordnen können, wenn einem gar nichts über die Situation der schwarzen Bevölkerung im Amerika der 60er-Jahre und die dortige Bürgerrechtsbewegung bekannt wäre? Sicher mag uns das eine oder andere auch an einem schon etwas älteren Text unmittelbar ansprechen, sonst könnten wir ja z. B. die eigene Lektüre der „Effi Briest" oder auch das persönliche Bibellesen gleich drangeben. Aber hier und da mag es dann doch hilfreich sein, etwas Genaueres etwa über den Autor, die Entstehung, die Zeitumstände oder die ursprüngliche Intention eines Textes in Erfahrung zu bringen. Das gilt selbstverständlich auch für das Glaubensbekenntnis.

Seine tiefsten Wurzeln liegen in der Bibel. Von Anfang an geht es immer wieder darum, dass Menschen das, wovon sie im Tiefsten überzeugt sind, auch aussprechen – vor sich selbst, vor anderen, vor Gott. „Ich glaube, darum rede ich“ (2.Korinther 4,13), heißt es lapidar bei Paulus. Damit nun aber nicht einfach jeder vor sich hin glaubt und deshalb am Ende alle etwas anderes, wird es bald notwendig, Formulierungen zu finden, die für alle verbindlich sind. Ein Bekenntnis dient also nicht nur der persönlichen, sondern vor allem der *gemeinschaftlichen* Selbstvergewisserung im Glauben. Das älteste uns erhaltene ist das sogenannte „kleine geschichtliche Credo“ (5. Mose 26,5-9), in dem sich das Volk Israel zu seiner Befreiungsgeschichte durch Gott bekennt. Wirkmächtig – im Judentum bis heute – ist dann vor allem das berühmte „Schma’ Jisrael “ (5.Mose 6,4f):

> „Höre, Israel, der Herr ist unser Gott, der Herr ist einer. Und du sollst den Herrn, deinen Gott, lieb haben von ganzem Herzen, von ganzer Seele und mit all deiner Kraft.“

Im Neuen Testament begegnen uns etliche solcher Bekenntnisse des Glaubens. In aller Verschiedenheit der jeweiligen Situation, in der sie gesprochen werden, sind sie im Kern doch darin gleich, dass sie sich jeweils zu Jesus Christus als dem Herrn bekennen. So antwortet etwa Petrus auf die Frage Jesu, wer denn er, Jesus, nach Meinung der Jünger sei, mit dem Bekenntnis: „Du bist Christus, der Sohn des lebendigen Gottes!“ (Matthäus 16,16). Solche und ähnliche immer wieder auftauchenden Formulierungen spielen später wohl vor allem bei der Taufe eine wichtige Rolle. Ein überaus anschauliches Beispiel hierfür ist die Geschichte von dem Kämmerer aus Äthiopien (vgl. Apostelgeschichte 8,26-40). Dieser Mann ist auf der Rückfahrt von einem Besuch in Jerusalem, von wo er sich – sozusagen als Andenken – eine alte Schriftrolle des Propheten Jesaja mitgenommen hat. Sein Problem: Er versteht den Text nicht. Glücklicherweise trifft er mitten in der Wüste auf Philippus, einen der Apostel. Der erklärt ihm die alten Worte Jesajas als eine Verheißung auf den erwarteten und in Jesus tatsächlich gekommenen Messias. Der Kämmerer ist von dieser Unterweisung so ergriffen, dass er sich spontan taufen lassen will. In einer späteren Handschrift heißt es an dieser Stelle: „Philippus aber sprach: Wenn du von ganzem Herzen glaubst, so kann es geschehen. Er aber antwortete und sprach: Ich glaube, dass Jesus Christus Gottes Sohn ist." (37)

Dieses kurze Bekenntnis, nämlich dass Jesus Christus der Sohn Gottes ist, ist *das* Bekenntnis des Neuen Testaments. Kein Wunder, dass es in immer neuen Varianten auftaucht. So etwa beim Apostel Paulus (Römer 10,9):

> „Wenn du mit deinem Munde bekennst, dass Jesus der Herr ist, und glaubst in deinem Herzen, dass ihn Gott von den Toten auferweckt hat, so wirst du gerettet."

Oder noch ausführlicher im Philipperbrief (2,6-11):

> „Er (Jesus Christus), der in göttlicher Gestalt war, hielt es nicht für einen Raub, Gott gleich zu sein, sondern entäußerte sich selbst und nahm Knechtsgestalt an, ward den Menschen gleich und der Erscheinung nach als Mensch erkannt.

Er erniedrigte sich selbst und ward gehorsam bis zum Tode, ja zum Tode am Kreuz. Darum hat ihn auch Gott erhöht und hat ihm den Namen gegeben, der über alle Namen ist, dass in dem Namen Jesu sich beugen sollen aller derer Knie, die im Himmel und auf Erden und unter der Erde sind, und alle Zungen bekennen sollen, dass Jesus Christus der Herr ist, zur Ehre Gottes, des Vaters."

Wichtig ist, dass das neutestamentliche Bekenntnis zu Jesus Christus nirgendwo *an die Stelle* des alttestamentlichen Bekenntnisses zu dem einen Gott, wie es etwa im „Schma' Jisrael " oder auch im ersten der Zehn Gebote auftaucht (vgl. 2. Mose 20,3), tritt. Im Gegenteil: Mit deutlichem Bezug auf das „Schma'" verbindet Paulus das neue Bekenntnis mit dem alten:

„So haben wir doch nur einen Gott, den Vater, von dem alle Dinge sind und wir zu ihm, und einen Herrn, Jesus Christus, durch den alle Dinge sind und wir durch ihn." (1.Korinther 8,6)

Damit ist Grund gelegt für das Verhältnis der Christenheit zum Judentum, auch wenn manches in der späteren Kirchengeschichte leider eine andere Sprache spricht. Paulus selbst hat dieses Verhältnis in einem anschaulichen und vor allem unmissverständlichen Bild auf den Punkt gebracht: „Nicht du (gemeint ist die Kirche) trägst die Wurzel, sondern die Wurzel (gemeint ist Israel) trägt dich." (Römer 11,18) Kann man es deutlicher sagen?

Interessant auch, dass die Kurzformel des ersten christlichen Bekenntnisses sich in einem uralten Symbol verbirgt, dem Fisch. Die ersten Christen verwendeten es in Zeiten der Verfolgung als geheimes Erkennungszeichen. Aber warum gerade einen Fisch? Um das zu verstehen, müssen wir uns für einen Moment auf das Terrain einer anderen Sprache begeben. Im Altgriechischen, der Sprache der frühen Christen, lautet das Wort für Fisch – umgeschrieben in unsere Buchstaben – „Ichthys". Wenn man nun die einzelnen griechischen Buchstaben dieses Wortes (I – ch – th – y – s) auseinanderzieht, so ergeben sie die Anfangsbuchstaben eines – wiederum – griechischen Satzes: „Iäsous christos theou yios sotär". Zu Deutsch: „Jesus Christus, Gottes Sohn, Retter." Ein genialer Schachzug. Mit dem schlichten Fisch-Symbol gab es damit ein aussagekräftiges, sozusagen „visuelles" Bekenntnis zu Jesus Christus. Und damit zugleich gegen alle anderen Herrschaften, etwa den Kaiser in Rom, die sich als „Retter" aufzuspielen versuchten. Ob diese Brisanz allen klar ist, die sich heutzutage das Fisch-Symbol auf die Heckklappe ihres Autos kleben?

2. Die weitere Entwicklung in nachbiblischer Zeit

Die weitere Entwicklung des christlichen Bekenntnisses in den nun folgenden Jahrhunderten ist vor allem von der Herausforderung bestimmt, die junge, im ganzen Mittelmeerraum rasch sich ausbreitende Christenheit irgendwie beieinanderzuhalten. Das war insofern nötig, weil in dieser Zeit sowohl von außen wie von innen Instabilität drohte. Von *außen* durch die schon bald einsetzenden Christenverfolgungen, vor allem durch die Römer. Und von *innen* durch verschiedene Irrlehren, die sich in den noch ungefestigten Gemeinden breit zu machen versuchten. Dem allen stand jedoch Jesu Gebet, „dass sie alle eins seien" (Johannes 17,21), wie eine eherne Mahnung gegenüber. Auf *organisatorischer* Ebene führte dieser Auftrag zur Einheit schon bald zur Herausbildung bestimmter Gemeindestrukturen und fester Ämter, allen voran dem des Bischofs. Dieser hatte von nun an in seinem Zuständigkeitsbereich in allen gottesdienstlichen, organisatorischen und finanziellen Fragen weitestgehend das alleinige Sagen. Vom urchristlichen „Priestertum *aller* Gläubigen" war dabei dann allerdings immer weniger zu spüren.

Auf *theologischer* Ebene verblieb man zunächst ganz auf der Linie des neutestamentlichen Bekenntnisses zu Jesus Christus als dem „Sohn Gottes" bzw. dem „Herrn" und „Retter". Zahlreiche Zeugnisse dieser Zeit, gelegentlich auch „Glaubensregeln" genannt, belegen das. Sie hatten ihren Ort im Leben der jungen christlichen Gemeinden – darin auch dem Neuen Testament ähnlich – in der Regel im Zusammenhang mit einer Taufe. Wer getauft werden wollte, hatte nach einer entsprechenden Glaubensunterweisung dem Bekenntnis zu Jesus Christus zuzustimmen. Dabei sorgte Mitte des 2. Jahrhunderts vor allem ein kurzer Text aus der Gemeinde in Rom, das sogenannte „Altrömische Taufbekenntnis", für Furore. Es lautet:

> „Ich glaube an Gott, den Vater, den Allmächtigen;
> und an Jesus Christus, seinen eingeborenen Sohn, unseren Herrn,
> und an den Heiligen Geist, die heilige Kirche, des Fleisches Auferstehung."

Unschwer ist hier bereits eine deutliche Dreiteilung (Vater, Sohn, Heiliger Geist) zu erkennen. Wir werden noch sehen, was es damit auf sich hat. Dem römischen Bekenntnis folgten in den nächsten Jahrhunderten etliche weitere Glaubensbekenntnisse, so z. B. das „Bekenntnis von Nicäa" (325), das „Bekenntnis von Chalcedon“ (451) und so eben auch „unser“ sogenanntes „Apostolisches Glaubensbekenntnis“. In Kurzform nennt man es auch gerne nur „Apostolikum“. Wann, wo und wie es genau entstanden ist, darüber rätseln bis heute die Gelehrten. Gut möglich, dass es irgendwann zwischen dem 2. und 5. Jahrhundert auf einem der berühmten „Konzilien“ gewesen ist. Das waren Versammlungen („Synoden“) aller Bischöfe, auf denen strukturelle, aber vor allem Glaubensfragen verhandelt und allgemeinverbindlich beschlossen wurden. Anders lässt sich wohl nicht die große Verbreitung dieses Bekenntnisses – bis heute – erklären. Dass es dann noch den Beinamen „apostolisch“ erhielt, ist eher einer frühen Legendenbildung geschuldet. Möglicherweise um seine Autorität zu erhöhen, führte man den Ursprung dieses Bekenntnisses direkt auf die zwölf Apostel der Bibel zurück. Nun gut.

Apostolischer Ursprung hin oder her – keines dieser Bekenntnisse erhebt den Anspruch, eigene Glaubensweisheiten in die Welt zu setzen. Auch wenn sie selber keine biblischen Texte sind, so wollen sie allesamt doch nichts anderes als eben auf ihre Art die biblische Botschaft zum Ausdruck bringen. Dieser biblische Bezug war und ist wohl der tiefere Grund, weshalb die Kirche – auch die Kirche der Reformation – in den folgenden Jahrhunderten bis heute an den alten Bekenntnissen, vor allem unserem „apostolischen“, festgehalten hat. Ihr hohes kirchliches Ansehen entbindet uns nun aber keinesfalls davon, sie immer wieder neu an den biblischen Aussagen zu überprüfen. So wie wir das im Vorausgehenden ja versucht haben.

3. Die Sache mit der Dreieinigkeit

Wie sich bereits im römischen Taufbekenntnis andeutete, so sind eigentlich alle alten Bekenntnisse und so auch das apostolische klar in drei Teile, üblicherweise „Artikel“ genannt, gegliedert. Diese sind immer jeweils dem „Vater“, dem „Sohn“ und dem „Heiligen Geist“ zugeordnet. Bis heute versteht sich die Christenheit aller Konfessionen dem Bekenntnis zum „dreieinigen“ Gott verpflichtet. Jeder christliche Gottesdienst beginnt mit den feierlichen Worten: „Im Namen des Vaters, des Sohnes und des Heiligen Geistes.“ Andere Religionen – so etwa das Judentum und vor allem der Islam – werfen dem Christentum ja immer wieder vor, es sei im Grunde gar keine „monotheistische“ Religion wie sie, also kein Glaube an einen einzigen Gott. Christen glaubten, so der Vorwurf, vielmehr an drei Götter. Vielleicht sogar noch an mehr, wenn man etwa die religiöse Marienverehrung im katholischen Glauben hinzurechne.

Dem ist vom Selbstverständnis des christlichen Glaubens im Namen aller Konfessionen massiv zu widersprechen. Christen glauben an den *einen* Gott, wie es bereits im „Schma' Jisrael“, später aber in sämtlichen biblischen und nachbiblischen Bekenntnissen zum Ausdruck kommt. Wenn wir die Rede von der „Dreieinigkeit“ (Trinität) verstehen wollen, müssen wir also zunächst von der Drei*einigkeit* reden. Unmissverständlich sagt der Apostel Paulus: „Es ist *ein* Gott und Vater aller, der da ist über allen und durch alle und in allen“ (Epheser 4,6). Ob diese Feststellung dann auch gleich dazu führen muss, vom Christentum, wie oft zu hören ist, als einer der „drei großen monotheistischen Religionen“ (Judentum, Christentum, Islam) zu sprechen, sei dahingestellt.

Aber was hat es nun mit der *Drei*einigkeit auf sich? Wieso kommen bei dem alleinigen Gott mit einem Mal mehrere „Personen" (Vater, Sohn, Heiliger Geist) ins Spiel? Selbst Christen haben ja mit dieser Vorstellung manchmal ihre geregelten Schwierigkeiten. Um vorab ein wenig Druck aus der Diskussion zu nehmen, sollte man sich klarmachen, dass die Rede von der Dreieinigkeit zunächst nichts anderes ist als ein theologischer, also ein *menschlicher* Versuch, angemessen von Gott zu reden. Eine Art Denkmodell. So wie wir das ja auch aus anderen Wissenschaften kennen. Wie es in Gottes innerstem Wesen tatsächlich aussieht, wissen wir nicht, denn „niemand hat Gott je gesehen" (Johannes 1,18).

Das heißt nun aber noch lange nicht, dass wir gar nicht von Gott reden können. Immerhin – so die Grundannahme des christlichen Glaubens – gibt ja Gott selbst in Jesus Christus etwas Wesentliches von sich preis. Jesus Christus ist, wie es das Barmer Bekenntnis formuliert, „das eine Wort Gottes". Danach können wir also durchaus etwas von Gott wissen und deshalb auch durchaus von ihm reden. Die biblischen Zeugnisse bieten mannigfache und vielfältige Beispiele dafür, wie eine solche Rede von Gott aussehen kann. Insofern will die Lehre von der Dreieinigkeit eigentlich nicht mehr sein als eine bündige Zusammenfassung der verschiedenen biblischen Aussagen über Gott. Wenn man so will: ein Konzentrat des Wesentlichen.

Dabei stehen die drei „Personen" der Trinität nicht für Personen, wie wir sie verstehen, also einzelne, voneinander unterschiedene und geschiedene individuelle Subjekte. Das Wort „Person" kommt aus dem lateinischen „persona" und bedeutet ursprünglich „Maske". Dabei leitet sich „persona" wiederum von dem Begriff „personare" ab, zu Deutsch: „hindurchtönen". Die starren antiken Theatermasken hatten ein Mundloch, durch das die Stimme des Schauspielers hindurchtönte. „Persona" wurde dann häufig stellvertretend für die Rolle eines Schauspielers überhaupt gebraucht. Wenn nun seit alters von den verschiedenen „Personen" der Trinität die Rede ist, so meint das zunächst nichts anderes, als dass Gott uns in verschiedenen „Rollen", also in verschiedenen Weisen begegnet. Das kann sich in der Tat auf mancherlei biblische Aussagen berufen. Der eine Gott zeigt ja immer wieder – zumindest unserem Empfinden nach – durchaus verschiedene „Gesichter" („Masken"): gütig und zornig, geduldig und eifersüchtig, nah und entrückt, verständlich und unverständlich, allmächtig und ohnmächtig, redend und schweigend. Auch nehmen wir ja durchaus sehr verschiedene „Rollen" an ihm wahr: Vater und Mutter, Herr und Knecht, Freund und Fremder, Hirte und Lamm, Arzt und Richter. Um nur einige zu nennen. Gott hat offenbar viele „Gesichter", „Personen", Weisen, wie er dem Menschen begegnet. Die heutzutage viel und mit Recht beschworene Vielfalt (Diversität) der Schöpfung könnte in der trinitarischen Vielfalt des Schöpfers womöglich noch einen mächtigen Verbündeten entdecken.

Von daher gewinnt dann auch der vielfach begegnende Begriff der „Drei*faltigkeit*" seinen Sinn. Gott „entfaltet" sich gewissermaßen in verschiedenen Weisen der Begegnung. Die Grundaussage des Glaubensbekenntnisses ist also die, dass Gott uns in der „Person" des Vaters als der Ursprung und Schöpfer allen Seins und als der Fürsorger unseres Lebens begegnet. Dass er uns in der „Person" Jesu Christi, des Sohnes, als Versöhner begegnet. Und dass er uns in der „Person" des Heiligen Geistes so begegnet, dass er auch heute noch unter uns wirkt. Sicher kann man kritisch fragen, ob mit diesem theologischen Modell wirklich alle möglichen „Falten" der Gottesbegegnung abgedeckt sind. Wir werden die Frage wachhalten.

In der theologischen Tradition kommt neben diesem ersten Aspekt der Trinität noch ein weiterer hinzu. Indem man die verschiedenen Weisen, wie Gott uns begegnet, in der Rede von verschiedenen *Personen* zusammenfasste, sollte auch Gottes *Lebendigkeit* zum Ausdruck kommen. Der Glaube an den dreieinigen Gott grenzte sich damit nach verschiedenen Richtungen ab. Zum einen gegen die mehr philosophische Auffassung, wonach Gott als der „unbewegte Beweger" – so der griechische Philosoph Aristoteles – angesehen wird. Eine Art metaphysischer Betonklotz, der durch nichts und niemanden zu erweichen ist. Nein, sagen die biblischen Texte. Gott ist der Lebendige, der sich durchaus bewegen lässt. Überaus anschaulich beschrieben etwa in Abrahams Fürbitte für seinen Neffen Lot (vgl. 1.Mose 18,16-33), in der Geschichte des Propheten Jona (vgl. Jona 3f) oder im Gleichnis von der bittenden Witwe (vgl. Lukas 18,1-8).

Die Überzeugung von der Lebendigkeit Gottes grenzt sich aber auch gegen die Auffassung ab, die Rede von „Gott" stehe eigentlich nur für ein Bündel an „Werten" oder ethischen Grundannahmen. Eine Meinung, die vor allem unter Politikern anzutreffen ist, etwa wenn wieder einmal die sogenannte „christlich-jüdische Tradition" beschworen wird. So sehr man sicher über Traditionen nachdenken und sie auch beherzigen kann, so sehr ist doch zu fragen, ob eine auf bloße ethische Werte reduzierte Gottesvorstellung dem biblischen Gottesverständnis entspricht. Auch Werte sind ja, so wichtig sie auch sein mögen, nicht mehr als ein theoretisches, mitunter auch sehr „unbewegtes", lebloses Gebilde. Wenn man so will: nicht mehr als eine menschliche Übereinkunft. Kann man mit menschlichen Übereinkünften ringen, ihnen danken, sie um etwas bitten, so wie es die biblischen Zeugen mit dem lebendigen Gott tun?

Die „Personen“ innerhalb der Dreieinigkeit stehen aber gegen den alten Verdacht, Gott habe den Menschen ja nur erschaffen, um seiner ewigen Einsamkeit zu entgehen. Ja, er sei – um der Geselligkeit willen – gewissermaßen auf den Menschen angewiesen. Nein, sagt die Lehre von den drei „Personen“, Gott ist bereits von Ewigkeit her ein in sich geselliges Wesen, der das menschliche Gegenüber durchaus nicht nötig hat. Immerhin spricht in der Bibel Gott von sich selbst gelegentlich im Plural (vgl. 1.Mose 1,26; 11,7). Wenn er nun dennoch den Menschen „zu seinem Bilde“ (1. Mose 1,27), also zu seinem Gegenüber erschafft, so tut er das aus völliger göttlicher *Freiheit* heraus. Dass Gott der grundsätzlich Freie ist und also keinesfalls nur etwa eine Projektionsfläche menschlicher Vorstellungen oder bloßer Erfüllungsgehilfe menschlicher Wünsche, das ist allerdings auch biblische Grundüberzeugung. „Meine Gedanken sind nicht eure Gedanken, und eure Wege sind nicht meine Wege, spricht der Herr“, heißt es nüchtern beim Propheten Jesaja (55,8).

Die kirchliche Trinitätslehre beruft sich aber auch auf einige direkte *biblische* Belege. Am bekanntesten ist wohl der sogenannte „Taufbefehl“ am Ende des Matthäusevangeliums, wonach die Jünger die Menschen „auf den Namen des Vaters, des Sohnes und des Heiligen Geistes“ taufen sollen (Matthäus 28,19). Bis heute gilt: keine Taufe ohne diese Formel. Ähnlich ein bekanntes Grußwort des Apostels Paulus, das auch heute noch von vielen Kanzeln zu Beginn der Predigt der Gemeinde zugerufen wird: „Die Gnade unseres Herrn Jesus Christus und die Liebe Gottes und die Gemeinschaft des Heiligen Geistes sei mit euch allen!“ (2.Korinther 13,13) Aber auch jenseits solcher Formeln begegnet das Beieinander der drei trinitarischen Personen hier und da in längeren theologischen Ausführungen (vgl. etwa in 1.Korinther 12,3-6 oder in Epheser 1,3-14). Auch werden verschiedentlich ganze biblische Erzählungen als Beleg für die Trinität herangezogen. So etwa in den orthodoxen Kirchen des Ostens die Geschichte, in der, wie es heißt, „der Herr“ dem Abraham in Gestalt von drei Männern erscheint (vgl. 1.Mose 18, 1-15). Oder die Erzählung von der Taufe Jesu im Jordan, in der ebenfalls alle drei Personen der Trinität unmittelbar aufeinander bezogen werden. Am Ende dieser Geschichte heißt es nämlich: „Als Jesus aus dem Wasser stieg, sah er, dass sich der Himmel auftat und der Geist wie eine Taube herabkam auf ihn. Und da geschah eine Stimme vom Himmel: Du bist mein lieber Sohn, an dir habe ich Wohlgefallen.“ (Markus 1,10f) Nicht zuletzt wird auch das berühmte „Heilig, heilig, heilig“ der Engel um den Thron Gottes in der Geschichte von der Berufung des Propheten Jesaja gerne in diese Richtung gedeutet (vgl. Jesaja 6,3). Ob alle diese biblischen Belege allerdings hinreichen, eine ganze Trinitäts*lehre* zu begründen? Auch das wird man zumindest fragen dürfen.

Eine wieder ganz andere Frage ist, wie man sich bei der Dreieinigkeit denn überhaupt das Beieinander, ja die Identität der Zahlen „drei“ und „eins“ rein *logisch* vorzustellen habe. Dass nun einmal drei nicht eins und eins nicht drei ist, weiß jedes Kind. Die Trinitätslehren der Alten Kirche verweisen hier gerne auf die Natur. Auch hier gebe es ja durchaus verschiedene Phänomene, in denen die Zahlen drei und eins gewissermaßen ineinander aufgehen, sogenannte „Spuren der Trinität“ (vestigia trinitatis). Der Kirchenvater Tertullian sah solche Spuren z. B. in einem Baum, der ja erst durch Wurzel, Stamm und Zweige zum Baum werde. Oder auch im Wasser, wenn es in der zusammenhängenden Dreiheit von Quelle, Fluss und Mündung begegne. Augustin wiederum meinte in der menschlichen Einheit von Körper, Seele und Geist eine ebensolche Spur zu erkennen. Aber Vergleiche können allenfalls etwas veranschaulichen. Eine Spur, also ein untrüglicher Hinweis auf etwas anderes, sind sie deshalb noch lange nicht.

Doch wir sind nun einmal Menschen mit unseren begrenzten Möglichkeiten und können oft ohne bestimmte „Spuren", Vergleiche, Theorien oder auch Bilder gar nicht leben. Nicht zu zählen sind ja die vielen bildlichen Darstellungen der Trinität in alten Kirchen, auf Altären oder in frommen Büchern. Gottvater im Himmel als beherrschendes Motiv. Ihm zur Rechten oder zuunterst der gekreuzigte Christus. Und über oder unter allem eine schwebende Taube als Symbol des Heiligen Geistes. Auch in solchen Bildern mag sich die eine oder andere Wahrheit finden lassen. Man sollte sich allerdings klarmachen, dass auch sie nicht mehr als menschliche Konstrukte sind. Wie es „im Himmel" tatsächlich aussieht, wissen wir nicht. Denn Gott selbst bleibt – auch für den Glauben – immer ein Geheimnis.

Theologische und bildliche Annäherungsversuche nicht ausgeschlossen.

4. Was man am Glaubensbekenntnis vermissen kann

Gerade wenn unser Glaubensbekenntnis den Anspruch erhebt, nichts anderes als eine Art Konzentrat der biblischen Botschaft sein zu wollen, wird man am Ende auch die kritische Rückfrage stellen dürfen, ob es diesem Anspruch auch tatsächlich gerecht wird. Sicher ist es ein gewagtes Unternehmen, die ganze Fülle der Heiligen Schrift, die in einer gängigen Ausgabe immerhin rund schlappe 1000 Seiten umfasst, in drei bündigen Sätzen (Artikeln) zusammenzufassen. Niemand, der die Bibel auch nur etwas kennt, wird das erwarten können. Es ist ja immerhin doch eine erstaunliche Leistung, wie viele biblische Aussagen – direkt oder indirekt – in diesem Text tatsächlich zum Tragen kommen. Gleichwohl wird man fragen dürfen, ob nicht doch einige wichtige biblische Grundmotive, auf die der Glaube auf Dauer keinesfalls verzichten kann, ein wenig „unterrepräsentiert" sind. Vorsichtig gesagt.

Da wäre zunächst die ganze Breite des *Alten Testaments*. Gewiss ist im ersten Artikel des Glaubensbekenntnisses vom „Schöpfer des Himmels und der Erde" die Rede. Gewiss entspricht die Rede vom „Vater", die ja auch Jesus später – etwa im „Vaterunser" – noch einmal aufgreift, zunächst einmal alttestamentlicher Erkenntnis. Gewiss zieht sich der Gedanke von der „Allmacht" Gottes durch die ganze Bibel und insofern auch durch das Alte Testament. Aber was ist z. B. mit dem Motiv der *Befreiung*? Der Glaube Israels bezieht sich doch immer wieder auf dieses fundamentale Ereignis seiner Geschichte, in welchem Gott sein Volk aus der Knechtschaft in die Freiheit führt. Ein Motiv, das dann auf vielfältige Weise bis ins Neue Testament hinein durchgehalten wird. „Zur Freiheit hat uns Christus befreit", schreibt Paulus (Galater 5,1). Die ganze Bibel Alten und Neuen Testaments ist voll von Befreiungsgeschichten.

Oder was ist z. B. mit den vielen gewichtigen Aussagen der *Propheten*? Sie nehmen ja allein im Alten Testament keinen geringen Raum ein. Was ist mit ihren vielen visionären, aber gleichfalls realitätsnahen Worten, mit denen die Wirklichkeit der Menschen schonungslos und gerade darin überaus heilsam aufgedeckt wird? Und in denen immer wieder eine andere, hoffnungsvollere Perspektive aufleuchtet. Ein Ausblick auf eine Wirklichkeit, auf einen „neuen Himmel und eine neue Erde" (Jesaja 65,17), wo „der Tod wird nicht mehr sein wird, noch Leid noch Geschrei noch Schmerz" (Offenbarung 21,4). Ein Martin Luther King, um nur ein Beispiel zu nennen, hätte doch wohl nie zu seinem „I have a dream" gefunden, hätten ihm an dieser Stelle nur die Worte des Glaubensbekenntnisses zur Verfügung gestanden.

Und was ist mit den *Worten und Taten Jesu*? Die Evangelisten werden doch ihre Gründe gehabt haben, wenn sie dem Wirken Jesu eine so große Aufmerksamkeit widmen. Das Glaubensbekenntnis aber lässt eine deutliche Lücke zwischen „geboren von der Jungfrau Maria" und „gelitten unter Pontius Pilatus". Nichts von Jesu Verkündigung des Reiches Gottes, nichts von Krankenheilungen, Brotvermehrung, Sturmstillung oder Totenerweckung. Das Glaubensbekenntnis folgt hier offenbar eher dem Apostel Paulus, der Jesu Werk ausschließlich auf Kreuz und Auferstehung konzentriert. Sicher wird auch er seine Gründe gehabt haben. Aber wenn wir das Glaubensbekenntnis am gesamtbiblischen Zeugnis messen, so will einem jene Lücke doch eher als eine Verarmung erscheinen.

Und was ist nicht zuletzt mit dem ganzen Bereich der *Ethik*, also dem um Gottes Willen gebotenen Tun, das nach biblischer Grundüberzeugung doch wesenhaft zum Glauben dazugehört? Was ist etwa mit den Zehn Geboten, mit der Bergpredigt, mit den vielen Mahnungen der Propheten und Apostel zur Liebe und zur Verantwortung in der Welt? Gewiss kann man diese Seite des Glaubens in der „Gemeinschaft der Heiligen" in verborgener Weise angesprochen sehen. Aber es wäre doch arg um die Ecke gedacht. Die Bibel selbst spricht in dieser Hinsicht ja eine sehr viel unverblümtere Sprache. Vielleicht hätte ein Hinweis auf das Gebot der Liebe, in dem nach Paulus ja der Sinn der gesamten Ethik „zusammengefasst" ist (Römer 13,9), schon gereicht.

Die offenkundigen inhaltlichen Defizite des Apostolischen Glaubensbekenntnisses mögen mit dazu geführt haben, dass die Christenheit im Laufe der Jahrhunderte zahllose weitere Bekenntnisse hervorgebracht hat. Hier und da sind es auch längere theologische Texte oder ganze Katechismen, die dann in den Stand sogenannter „Bekenntnisschriften" erhoben werden. Dazu gehören etwa im lutherischen Raum Martin Luthers „Kleiner Katechismus" (1529) oder das „Augsburger Bekenntnis" (1530), in den reformierten Kirchen vor allem der „Heidelberger Katechismus" (1563). Als Reaktion auf die reformatorischen Bekenntnisse erfolgte auf katholischer Seite schon bald das „Bekenntnis des Tridentinischen Glaubens" (1564). Aus verschiedenen Anlässen kommt es später immer wieder zu theologischen Grundsatzerklärungen mit Bekenntnischarakter. Im 20. Jahrhundert ist das vor allem die Theologische Erklärung von Barmen, das sogenannte „Barmer Bekenntnis" (1934), eine Antwort auf die Übergriffe der NS-Ideologie auf die evangelische Kirche. Nicht alle diese Bekenntnisse folgen der trinitarischen Struktur des apostolischen. So formulierte etwa Dietrich Bonhoeffer 1943 aus der Situation großer Bedrängnis heraus ein sehr persönliches Bekenntnis:

> „Ich glaube, dass Gott aus allem, auch aus dem Bösesten, Gutes entstehen lassen kann und will. Dafür braucht er Menschen, die sich alle Dinge zum Besten dienen lassen.

> Ich glaube, dass Gott uns in jeder Notlage so viel Widerstandskraft geben will, wie wir brauchen. Aber er gibt sie nicht im Voraus, damit wir uns nicht auf uns selbst, sondern allein auf ihn verlassen. In solchem Glauben müsste alle Angst vor der Zukunft überwunden sein.
>
> Ich glaube, dass auch unsere Fehler und Irrtümer nicht vergeblich sind, und dass es Gott nicht schwerer ist, mit ihnen fertigzuwerden, als mit unseren vermeintlichen Guttaten.
>
> Ich glaube, dass Gott kein zeitloses Fatum ist, sondern dass er auf aufrichtige Gebete und verantwortliche Taten wartet und antwortet."

Dass aber auch eine trinitarische Struktur geeignet ist, etwa dem erwähnten ethischen Defizit zu begegnen, zeigt z. B. ein Glaubensbekenntnis, das offenbar im Zusammenhang mit der neueren schulischen Reformbewegung entstanden ist:

> „Ich glaube an Gott, den Vater: Er hat diese Welt für alle Menschen geschaffen.
> Darum finde ich mich nicht ab mit der Teilung der Menschheit in Reiche und Arme, Sachverständige und Unwissende, Machthaber und Machtlose.
>
> Ich glaube an Jesus Christus: Er nennt alle Menschen seine Brüder und Schwestern.
> Darum finde ich mich nicht ab mit der Teilung der Menschheit in Menschen erster und zweiter Klasse.

Ich glaube an Gottes guten Geist: Er weckt Mut und Phantasie.
Darum finde ich mich nicht ab mit der scheinbar immer gleichen unmenschlichen Ordnung dieser Welt."
(leicht gekürzt)

Wir merken: Jedes Bekenntnis atmet irgendwie auch immer den Geist seiner Zeit, ist seinem historischen oder auch kulturellen Kontext verhaftet, setzt andere inhaltliche Akzente. Das eine oder andere kann man mittlerweile sogar singen:

„Ich sage Ja zu dem, der mich erschuf.
Ich sage Ja zu seinem Wort und Ruf,
zum Lebensgrund und Schöpfer dieser Welt,
und der auch mich in seinen Händen hält.

Ich sage Ja zu dem, der uns gesandt
und aus dem Tod zum Leben auferstand
und so trotz Hass, Gewalt und Menschenlist
für uns zum Freund und Bruder worden ist.

Ich sage Ja zu Gottes gutem Geist,
zum Weg der Liebe, den er uns verheißt,
zu wagen Frieden und Gerechtigkeit
in einer Welt voll Hunger, Angst und Leid.

Ich sage Ja zu Wasser, Kelch und Brot,
Wegzehrung, Zeichen, Zuspruch in der Not.
Ich sage Ja und Amen, weil gewiss:
Ein andres Ja schon längst gesprochen ist."
(Text: Okko Herlyn; EGplus, 50)

Es wäre sicher auch hier ein relativ Leichtes, bei all diesen Versuchen jeweils die theologischen Defizite hervorzuheben. Doch man kann es auch anders sehen. Nämlich so, dass jede Zeit herausgerufen ist, auf der Grundlage der biblischen Botschaft, ihre *eigenen* Worte des Glaubens zu finden. Und dabei können die Worte anderer, so alt sie auch sein mögen, manchmal durchaus hilfreich sein.

Nicht nur die des Apostolischen Glaubensbekenntnisses.

XIX. WARUM ICH GLAUBE

Ausnahmsweise ein persönliches Nachwort

Kürzlich wurde ich in ein interessantes Gespräch verwickelt. Jemand wollte von mir wissen, warum ich eigentlich an Gott glaube. Gute Frage. Ich habe sie ein paar Tage mit mir herumgetragen. Nach längerem Nachdenken bin ich zu dem Ergebnis gekommen: Ich kann keinen ordentlichen Grund angeben, weshalb ich an Gott glaube.

Weder vermag ich mit einem Bekehrungserlebnis aufzuwarten, noch habe ich jemals an einer Evangelisation teilgenommen. Ein alter Freund berichtete mir einmal davon, dass er in seiner Jugend bei einer Zeltmission gewesen sei. Dort sei er, wie er sagte, „nach vorne" gebeten worden, um sein Leben „Jesus zu übergeben". Ich kann mir bis heute nichts darunter vorstellen. Während meiner eigenen Jugend geisterte gelegentlich der Name „Billy Graham" durch die Zeitungen. Das war ein amerikanischer Prediger, der auf den Spitznamen „Maschinengewehr Gottes" hörte. Dieses „Maschinengewehr", das gegen Homosexualität und für den Vietnamkrieg zu Felde zog, hatte auf seinen von ihm selbst sogenannten „Kreuzzügen" angeblich Tausende zu Jesus bekehrt. Ich fragte mich allerdings: zu welchem Jesus? Der aus dem Neuen Testament konnte es jedenfalls nicht gewesen sein.

Dass ich keinen ordentlichen Grund angeben kann, weshalb ich an Gott glaube, hat aber noch einen anderen Grund.

Einen Grund für etwas angeben, das klingt nach einem guten Argument. So wie man sich mit guten Argumenten etwa für den Kauf neuer Winterreifen entscheiden kann. Was spricht dafür, was dagegen? Es fragt sich allerdings, ob man so auch mit dem Glauben an Gott verfahren kann. Manche behaupten zwar, dass sie über solche Argumente verfügen, etwa dergestalt, dass es ihnen mit ihrem Glauben an Gott irgendwie besser gehe, sie grundsätzlich etwa gelassener, fröhlicher oder hier und da sogar erfolgreicher im Leben seien. Mir fällt allerdings auf, dass andere, die es ebenfalls mit dem Glauben an Gott versucht haben, auch schon daran verzweifelt oder darüber gar an Leib und Seele erkrankt sind. Zumindest waren sie deshalb nicht erfolgreicher in ihrem Leben. So geht es also offenbar nicht.

Auch finde ich in der Bibel nirgendwo ein stichhaltiges Argument, das für einen Glauben an Gott spricht. Haben etwa die Jünger am See, die dem Ruf Jesu gefolgt sind, zuvor danach gefragt, welche Argumente dafür sprechen? Oder wenn ich mir nur einmal einen Jeremia, einen Jona, einen Paulus oder gar einen Hiob anschaue, dann finden sich doch eher Gründe, die *gegen* statt für einen Glauben an Gott sprechen.

Ich bin vielmehr der Überzeugung, dass ein Glaube, den man meint, gut begründen zu können, eher dem – menschlich sicher verständlichen – Wunsch entspringt, dass es uns im Leben möglichst gut gehen soll. Nachdem wir mit indischen Atemübungen und toskanischen Duft-Öl-Bädern unserem Körper bereits Gutes getan haben, suchen wir nun vermehrt nach dem, was auch unserer Seele schmeichelt. Religiöse Wellness sozusagen. Nicht von ungefähr werben ja etwa einschlägige Reiseveranstalter mittlerweile mit einem unverhohlen religiösen Vokabular: „Die Kraft, das Nährende. Der Geist, Öl. Das Heilige – die Salbung ... Im Einklang mit der Schöpfung sein" – so vor einiger Zeit die Reisefirma TUI mit ihrem Robinsonclub-Programm.

Doch man darf füglich bezweifeln, ob sich ein Jeremia, ein Hiob oder ein Paulus mit ihrem Glauben an Gott irgendwie wohler gefühlt haben. Man hat eher den Eindruck, dass sich diese Großen des Glaubens mit ihrem Glauben an Gott doch eher schwertaten. Besser erging es ihnen jedenfalls nicht dadurch. Mitunter führte sie ihr Glaube an Gott sogar in Schwermut, Verfolgung und körperliches Leid. Gute Gründe sehen jedenfalls anders aus.

Wenn ich es mir recht überlege, so ist mir mein eigener Glaube an Gott im Grunde ein Rätsel.

Sicher, ich könnte darauf verweisen, dass ich in einem christlichen Hause, genauer: in einem reformierten Pfarrhaus aufgewachsen bin. Die Herrnhuter Losungen, das Kalenderblatt vom Neukirchener „Jugendfreund", das Tischgebet, die vielen geistlichen Lieder, allen voran die Genfer Psalmen, waren die täglichen, gewissermaßen selbstverständlichen Begleiter meines jungen Lebens. Aber so sind andere auch aufgewachsen. Manche von ihnen haben gerade deshalb dem Glauben abgeschworen, sind zu Agnostikern, Atheisten und vereinzelt sogar zu Terroristen geworden. Oder ließen den lieben Gott in ihrem weiteren Leben einfach nur einen guten Mann sein. So zwingend überzeugend kann eine „christliche Sozialisation", wie man das heute nennt, offenbar doch nicht sein, als dass sie sozusagen „automatisch" zum Glauben führte.

Sicher könnte ich mich auch daran erinnern, dass die Kirche für mich von früh auf irgendwie immer ein vertrautes Umfeld darstellte: Kindergottesdienst, Konfirmandenunterricht, Posaunenchor, Jugendarbeit. Später lange Jahre Gemeindepfarramt und Dienst an einer kirchlichen Hochschule. Aber andere haben auch solche kirchlichen „Karrieren" durchlaufen und engagieren sich heute sonst wo – im Fußballverein, im Kochkurs bei der Volkshochschule oder bei den Grünen –, nur nicht in der Kirche. So prägend kann ein kirchliches Milieu offenbar doch nicht sein, als dass es gewissermaßen „wie von selbst" Lebensgestaltungen hervorbrächte, die sich an einem Glauben an Gott orientieren und zu einer dauerhaften kirchlichen Bindung führen.

Sicher könnte ich auch in aller Form belegen, dass ich immerhin sechs Jahre meines Lebens mit dem Studium der Theologie, zwei weitere mit einer Hochschulassistenz und noch einmal zwei Jahre mit dem Verfassen einer größeren wissenschaftlichen Arbeit verbracht habe. Später hat mich der eine oder andere theologische Vortrag oder gar das eine oder andere theologische Buch manch Schweißperle gekostet. Aber solch einen Aufwand haben andere auch betrieben. Sind sie deshalb etwa wie von selbst zum Glauben an Gott gekommen? Von diesem oder jenem hört man sogar, dass ihn eine solch umfangreiche Beschäftigung mit dem Glauben am Ende sogar eher davon abgebracht haben soll. So rundum erfolgversprechend ist ein bloßes Nachdenken über den Glauben offenbar auch nicht.

Wie ich es auch drehe und wende, ein ordentlicher Grund, weshalb ich an Gott glaube, will mir einfach nicht einfallen.

Und doch sage ich frank und frei: Ich glaube an Gott. Weshalb das so ist, ist mir im Grunde ein Rätsel. Oder besser gesagt: ein Geheimnis. Einem Rätsel kann man sicher irgendwann einmal auf die Spur kommen. Aber ein Geheimnis *bleibt* geheimnisvollerweise ein Geheimnis, gerade wenn man mehr und mehr in dieses einzudringen versucht. In den Katechismen der Reformatoren bin ich in dem Zusammenhang auf einen interessanten Hinweis gestoßen. So schreibt etwa Luther: „Ich glaube, dass ich nicht aus eigener Vernunft noch Kraft an Jesus Christus, meinen Herrn, glauben oder zu ihm kommen kann." Das setzt erst einmal allen Spekulationen über mögliche menschliche oder gesellschaftliche Glaubensbegründungen eine schmucklose Grenze. Dann fährt er fort: „Sondern der Heilige Geist hat mich durch das Evangelium berufen." Danach ist offenbar nicht nur Gottes Gnade ein unverdientes Geschenk, sondern auch der Glaube. Ähnlich lesen wir es im Heidelberger Katechismus, der den, wie er es nennt, „wahren Glauben" darin begründet sieht, dass diesen der Heilige Geist, also *Gott selbst*, „durchs Evangelium in mir wirkt" (Frage 21).

„Durchs Evangelium". Die aufgeschlagene Bibel hat mich in der Tat mein Leben lang bis heute begleitet. Mir ist klar, dass auch das nicht unbedingt etwas heißen muss. Auch andere haben sich mit den Texten der Heiligen Schrift lebenslang redlich abgemüht, um am Ende vielleicht sogar leidenschaftliche Plädoyers zu verfassen, weshalb die Bibel eigentlich gar nicht

Recht haben könne. Doch ohne die Botschaft des Evangeliums geht es, wenn ich den Heidelberger Katechismus richtig verstanden habe, offenbar auch nicht. Schon der Apostel Paulus weist ja darauf hin, dass der Glaube „aus dem *Hören* kommt" (Römer 10,17). Gemeint ist das Hören des Evangeliums.

Dass es im Hören auf die biblische Botschaft dann tatsächlich zum Glauben kommt, dafür gibt es dann allerdings für mich keinen plausiblen Grund. Zu sehr war und ist auch mein Glaube an Gott immer wieder von Fragen, auf die ich keine Antwort weiß, von Zweifeln und Zeiten des Kleinglaubens umwettert. Man sollte damit nicht kokettieren. Andere haben in ihrem Ringen mit Gott ganz andere Täler durchschritten und ganz andere Anfechtungen durchlitten. Warum sie dann dennoch an diesem Glauben festgehalten haben, ist mir allerdings auch ein Rätsel.

Oder sollte es etwa Gott selbst gewesen sein, der *in* allen Fragen und Zweifeln an ihnen festgehalten hat? So wie es in einem neuen geistlichen Lied von Ulrich Fick heißt:

> „Ich werfe meine Fragen hinüber
> wie ein Tau von einem Schiff ans Land.
> Vielleicht ist einer da und greift herüber,
> vielleicht, vielleicht nimmt einer mich an meine Hand.
> Wenn Gott es ist, der meine Fragen auffängt und nicht lässt,
> wenn Gott es ist, dann hält er mich samt meinen Fragen fest."

Vielleicht ist also die Frage nach möglichen Gründen für einen Glauben an Gott gar nicht so wichtig. Vielleicht ist die Botschaft viel wichtiger, dass Gott – ungeachtet aller Fragen und Zweifel, ungeachtet auch aller möglichen Argumente und Gegenargumente – an uns festhält.

Warum er das tut, das wird allerdings wohl ewig sein Geheimnis bleiben.

QUELLENANGABEN

II. „ICH GLAUBE AN GOTT“

S. 19: Karl Barth, Gespräche 1959-1962, Gesamtausgabe, hg. von Eberhard Busch, Zürich 1995, 32f.

S. 19: Bekenntnis der Batakkirche (1951), in: Bekenntnisse der Kirche, hg. von Hans Steubing, Wuppertal 1970, 292ff.

S. 23: Dietrich Bonhoeffer, in: Widerstand und Ergebung, hg. von Eberhard Bethge, München 1952, 248f.

S. 24: Kluckert-Zitat im „Tagesgespräch“, WDR 5, 14. 02. 2020.

S. 24: DER SPIEGEL, 19. 04. 2019.

S. 24: Martin Luther, Der große Katechismus (1529), in. Luther Deutsch, Bd. 3, hg. von Kurt Aland, Göttingen 1983[4], 20f.

S. 25: Heinrich Böll, Doktor Murkes gesammeltes Schweigen, Köln 1973, 8.

S. 25: Katrin Bauerfeind, WAZ, 10. 06. 2017.

III. „DEN VATER“

S. 32: Xenophanes, Fragmente B16, B15, in: Karl Popper, Die Welt des Parmenides, München 2016, 90.

S. 33: „Pass auf, kleine Hand, was du tust“, in: https://www.evangeliums.net/lieder/lied_pass_auf_kleines_auge.html

V. „DEN SCHÖPFER DES HIMMELS UND DER ERDE“

S. 70: Werner Heisenberg, zit. nach Helmut Fischer, Schöpfung und Urknall. Klärendes Gespräch zwischen Glaube und Naturwissenschaft, Zürich 2009, 96.

S. 70: Karl Popper, zit. nach Helmut Fischer, a. a. O., 102.

VIII. „EMPFANGEN DURCH DEN HEILIGEN GEIST, GEBOREN …“

S. 98: Karl Barth, Dogmatik im Grundriss, Stuttgart 1947, 124.

IX. „GELITTEN UNTER PONTIUS PILATUS“

S. 115: „Wir sind noch nicht im Festsaal angelangt“; Text: Ernesto Cardenal; Musik: Peter Janssens; Übersetzung: Anneliese Schwarzer de Ruiz; aus: Wir hören schon die Musik, Wuppertal 1973.

X. „GEKREUZIGT …“

S. 128: Eberhard Jüngel, Tod, Stuttgart 1971, S. 18.

XII. „AUFGEFAHREN IN DEN HIMMEL …“

Der Text dieses Kapitels ist erstmals in dem Band von Okko Herlyn, Sein Wort ein Feuer. Unverblümte Predigten, Bielefeld 2011, S.73-80, erschienen. Abdruck mit freundlicher Genehmigung des Verlags.

XVII. HILFREICH ZU WISSEN

S. 223: Dietrich Bonhoeffer, in: Widerstand und Ergebung, hg. von Eberhard Bethge, München 1952, 22f.

S. 224: https://bakischulebremen.wordpress.com/tag/bremer-schulgeist/

S. 225: Ich sage Ja, in: EGplus: Beiheft zum Evangelischen Gesangbuch für die Evangelische Kirche in Hessen und Nassau und die Evangelische Kirche von Kurhessen-Waldeck, hg. von Christa Kirschbaum und Uwe Maibaum, Kassel 2017, Nr. 50. Rechte beim tvd-Verlag Düsseldorf. Abdruck mit freundlicher Genehmigung des Verlags.

XVIII. WARUM ICH GLAUBE

S. 229: TUI-Zitat, zit. nach Wilhelm Gräb, Die gestaltete Religion, in: ders. (Hg.), Religionsunterricht jenseits der Kirche?, Neukirchen-Vluyn 1996, 81.

S. 232: Ulrich Fick, Ich werfe meine Fragen hinüber, in: Mein Liederbuch 2. Oekumene heute, Düsseldorf 1993, B 180.

Copyrights

Befreiungen zum Leben

Regelmäßig werden die Zehn Gebote als „Grundwerte" unserer Gesellschaft bezeichnet. Gleichzeitig kennt kaum jemand ihre Bedeutung. Unterhaltsam und informativ führt Okko Herlyn durch die alten Texte und zeigt auf, was die Gebote für unseren Glauben und unsere Gesellschaft heute bedeuten.

Okko Herlyn
Die zehn Gebote
Verstehen, was wir tun können

gebunden, 208 Seiten,
ISBN 978-3-7615-6645-9

---

neukirchener